天鼓사경시리즈 - 8

행복이 성취되는
약사여래불 명호 108사경

정성을 다하여 사경하며 發心한 佛子님들이
無上菩提를 證得하는 因緣을 심어 畢竟에는 모두 佛道를 成就하여 지이다.

天鼓사경시리즈 - 8

행복이 성취되는
약사여래불 명호 108사경

石鼓 김현남 편

하늘북

사경 기도를 하는 마음 자세

약사기도를 하는 방법에는 《약사유리광여래본원공덕경(藥師瑠璃光如來本願功德經)》을 처음부터 끝까지 1번 독송을 하거나 사경을 하며, '약사여래불'을 천 번 염하거나, 약사여래불 명호를 사경하는 등 여러 가지 방법이 있다.

여러 가지 기도법 중에서 자신의 상황과 시간을 고려하거나, 또는 소원하는 목적에 따라서 적절한 방법을 선택하면 좋을 것이다.

약사여래불을 사경할 때는 입으로 약사여래불을 외우면서, 약사여래불의 모습과 활동을 상상하면서 사경하는 것이 좋다. 사경을 하는 자세로 꼭 무릎을 꿇고 앉지 않아도 되며, 반가부좌를 하는 것도 무난하다.(아니면 사무실에서 한다면 책상에 앉아서 해도 무방하다.)

입으로 '약사여래불'을 부르되 너무 급하거나 느리게 부르지 말고, 적당한 속도로 또렷하게 마음에 새기며 부르는 것이 좋다. 그렇다고 소리를 크게 내라는 것은 아니다. 환경에 따라 주위 사람들에게 방해가 되지 않고 자신의 마음을 잘 가다듬을 수 있을 정도의 크기로 염하면서 사경을 하면 된다.

이때 입으로는 약사여래불을 부르면서, 손으로는 사경을 하고, 머리로는 중생의 모든 질병과 재앙을 소멸시켜주는 약사여래불의 모습을 떠올리는 것이 좋다. 약사여래불께서 높은 곳으로부터 '나'와 나의 주위 사람들에게 자비광명을 비추어 주는 것을 관상(觀相)하면서 사경을 한다.

만일 자식이나 부모 등 다른 사람을 위해 기도를 하는 경우라면 '나'가 아닌 그 당사자에게 약사여래불의 손길이 미쳐서 모든 질병을 치료해주고, 재앙과 재난을 소멸하고 그들의 소원을 들어주는 듯이 관상을 하여야 한다. 약사여래불의 가피가 그 당사자에게 직접 가면 바로 해결될 수 있는데, 가피가 '나'에게 왔다가 그 당사자에게로 옮겨가도

록 하면 그만큼 늦어질 뿐 아니라, 자칫 가피가 미치지 못하게 되는 경우도 있다.

그리고 사경을 할 때 마음속으로는 오로지 업장 참회를 기원하여야 한다. 자신이 지은 모든 죄업을 참회하면서 사경을 해야 한다.

"약사여래부처님, 잘못했습니다. 모든 잘못을 참회 하옵니다. …."

이처럼 입으로는 '약사여래불'을 부르고, 머리로 약사여래불의 자비광명이 임하는 것을 그리고, 마음속으로는 진심어린 참회와 소원을 빌면서 사경을 하게 되면 모든 죄업들이 티끌로 변하고 소원이 성취되고 행복이 충만하게 될 것이다.

사경이 끝나고 반드시 회향하고 축원하는 것을 잊어서는 안 된다.

약사여래불의 위신력과 자비광명이 이 법계에 가득 차 있으며, 우리가 함께 하고자 할 때 약사여래 부처님은 언제나 우리와 함께 한다는 것이다. 더 분명히 이야기하면, 약사여래 부처님은 우리 속에 이미 와 계신다.

이것을 분명히 알고 약사여래불을 염(念)하고 사경을 할 때, 우리는 약사여래불의 분신이 되고 약사여래불과 같은 큰 힘을 지닐 수 있게 된다.

어찌 자신만의 고통 극복이나 조그마한 소원성취로 그치랴!

정녕 '나' 속의 약사여래 부처님은 자비와 지혜와 행복의 원천이니, 정성을 다해 약사여래불을 사경하여 '나' 속의 약사여래불의 자비로운 모습을 발현시켜 보라. 틀림없이 우리 속에 감추어져 있던 불성(佛性)이 개발되어 대해탈의 삶을 누리며, 원하는 모든 것을 이루게 될 것이니…….

2010년 2월
석고(石鼓) 김현남 씀

축 원 문

이 사경을 하는 공덕을
선망조상님과 유주무주 영가의 천도,
일체중생의 질병치료와 행복을 위해 바칩니다.
대의왕불이신 약사여래 부처님이시여!
크고 크신 가피를 내리시어
이 중생의 질병과 모든 재난을 소멸하여 주사옵고,
_____를 꼭 성취되게 하옵소서.

※ 기도하는 장소를 깨끗하게 하고 몸가짐을 바르게 한 후에, 먼저 삼배를 올리고 사경 책을 펼친 다음 축원부터 세 번한다. 축원문은 각자의 원에 맞게 적당하게 문안을 만들어 발원을 하면 된다.

이 사경을 하는 공덕을
선망조상님과 유주무주 영가의 천도,
일체중생의 질병치료와 행복을 위해 바칩니다.
대의왕불이신 약사여래부처님이시여!
크고 크신 가피를 내리시어
이 중생의 질병과 모든 재난을 소멸하여 주사옵고,
_____를 꼭 성취되게 하옵소서.

이 사경을 하는 공덕을
선망조상님과 유주무주 영가의 천도,
일체중생의 질병치료와 행복을 위해 바칩니다.
대의왕불이신 약사여래부처님이시여!
크고 크신 가피를 내리시어
이 중생의 질병과 모든 재난을 소멸하여 주사옵고,
_____를 꼭 성취되게 하옵소서.

나무 동방만월세계 십이상원 약사유리광여래불

약사여래불	약사여래불	약사여래불	약사여래불
약사여래불	약사여래불	약사여래불	약사여래불
약사여래불	약사여래불	약사여래불	약사여래불
약사여래불	약사여래불	약사여래불	약사여래불
약사여래불	약사여래불	약사여래불	약사여래불
약사여래불	약사여래불	약사여래불	약사여래불
약사여래불	약사여래불	약사여래불	약사여래불
약사여래불	약사여래불	약사여래불	약사여래불
약사여래불	약사여래불	약사여래불	약사여래불
약사여래불	약사여래불	약사여래불	약사여래불
약사여래불	약사여래불	약사여래불	약사여래불
약사여래불	약사여래불	약사여래불	약사여래불
약사여래불	약사여래불	약사여래불	약사여래불
약사여래불	약사여래불	약사여래불	약사여래불

약사여래불 약사여래불 약사여래불 약사여래불
약사여래불 약사여래불 약사여래불 약사여래불
약사여래불 약사여래불 약사여래불 약사여래불
약사여래불 약사여래불 약사여래불 약사여래불
약사여래불 약사여래불 약사여래불 약사여래불
약사여래불 약사여래불 약사여래불 약사여래불
약사여래불 약사여래불 약사여래불 약사여래불
약사여래불 약사여래불 약사여래불 약사여래불
약사여래불 약사여래불 약사여래불 약사여래불
약사여래불 약사여래불 약사여래불 약사여래불
약사여래불 약사여래불 약사여래불 약사여래불
약사여래불 약사여래불 약사여래불 약사여래불
약사여래불 약사여래불 약사여래불 약사여래불
십이대원접군기　일편비심무공결　범부전도병근심
불우약사죄난멸　원멸　사생육도　법계유정
다겁생래제업장　아금참회계수례　원제죄장실소제
세세상행보살도　세세상행보살도　세세상행보살도

행복이 성취되는 **약사여래불 명호사경기도** ____ 일째

나무 동방만월세계 십이상원 약사유리광여래불

약사여래불	약사여래불	약사여래불	약사여래불
약사여래불	약사여래불	약사여래불	약사여래불
약사여래불	약사여래불	약사여래불	약사여래불
약사여래불	약사여래불	약사여래불	약사여래불
약사여래불	약사여래불	약사여래불	약사여래불
약사여래불	약사여래불	약사여래불	약사여래불
약사여래불	약사여래불	약사여래불	약사여래불
약사여래불	약사여래불	약사여래불	약사여래불
약사여래불	약사여래불	약사여래불	약사여래불
약사여래불	약사여래불	약사여래불	약사여래불
약사여래불	약사여래불	약사여래불	약사여래불
약사여래불	약사여래불	약사여래불	약사여래불
약사여래불	약사여래불	약사여래불	약사여래불
약사여래불	약사여래불	약사여래불	약사여래불

약사여래불   약사여래불   약사여래불   약사여래불
약사여래불   약사여래불   약사여래불   약사여래불
약사여래불   약사여래불   약사여래불   약사여래불
약사여래불   약사여래불   약사여래불   약사여래불
약사여래불   약사여래불   약사여래불   약사여래불
약사여래불   약사여래불   약사여래불   약사여래불
약사여래불   약사여래불   약사여래불   약사여래불
약사여래불   약사여래불   약사여래불   약사여래불
약사여래불   약사여래불   약사여래불   약사여래불
약사여래불   약사여래불   약사여래불   약사여래불
약사여래불   약사여래불   약사여래불   약사여래불
약사여래불   약사여래불   약사여래불   약사여래불
약사여래불   약사여래불   약사여래불   약사여래불

십이대원접군기   일편비심무공결   범부전도병근심
불우약사죄난멸   원멸 사생육도   법계유정
다겁생래제업장   아금참회계수례   원제죄장실소제
세세상행보살도   세세상행보살도   세세상행보살도

나무 동방만월세계 십이상원 약사유리광여래불

약사여래불	약사여래불	약사여래불	약사여래불
약사여래불	약사여래불	약사여래불	약사여래불
약사여래불	약사여래불	약사여래불	약사여래불
약사여래불	약사여래불	약사여래불	약사여래불
약사여래불	약사여래불	약사여래불	약사여래불
약사여래불	약사여래불	약사여래불	약사여래불
약사여래불	약사여래불	약사여래불	약사여래불
약사여래불	약사여래불	약사여래불	약사여래불
약사여래불	약사여래불	약사여래불	약사여래불
약사여래불	약사여래불	약사여래불	약사여래불
약사여래불	약사여래불	약사여래불	약사여래불
약사여래불	약사여래불	약사여래불	약사여래불
약사여래불	약사여래불	약사여래불	약사여래불
약사여래불	약사여래불	약사여래불	약사여래불

약사여래불	약사여래불	약사여래불	약사여래불
약사여래불	약사여래불	약사여래불	약사여래불
약사여래불	약사여래불	약사여래불	약사여래불
약사여래불	약사여래불	약사여래불	약사여래불
약사여래불	약사여래불	약사여래불	약사여래불
약사여래불	약사여래불	약사여래불	약사여래불
약사여래불	약사여래불	약사여래불	약사여래불
약사여래불	약사여래불	약사여래불	약사여래불
약사여래불	약사여래불	약사여래불	약사여래불
약사여래불	약사여래불	약사여래불	약사여래불
약사여래불	약사여래불	약사여래불	약사여래불
약사여래불	약사여래불	약사여래불	약사여래불
약사여래불	약사여래불	약사여래불	약사여래불

십이대원접군기　일편비심무공결　범부전도병근심
불우약사죄난멸　원멸 사생육도　법계유정
다겁생래제업장　아금참회계수례　원제죄장실소제
세세상행보살도　세세상행보살도　세세상행보살도

나무 동방만월세계 십이상원 약사유리광여래불

약사여래불	약사여래불	약사여래불	약사여래불
약사여래불	약사여래불	약사여래불	약사여래불
약사여래불	약사여래불	약사여래불	약사여래불
약사여래불	약사여래불	약사여래불	약사여래불
약사여래불	약사여래불	약사여래불	약사여래불
약사여래불	약사여래불	약사여래불	약사여래불
약사여래불	약사여래불	약사여래불	약사여래불
약사여래불	약사여래불	약사여래불	약사여래불
약사여래불	약사여래불	약사여래불	약사여래불
약사여래불	약사여래불	약사여래불	약사여래불
약사여래불	약사여래불	약사여래불	약사여래불
약사여래불	약사여래불	약사여래불	약사여래불
약사여래불	약사여래불	약사여래불	약사여래불
약사여래불	약사여래불	약사여래불	약사여래불

약사여래불   약사여래불   약사여래불   약사여래불
약사여래불   약사여래불   약사여래불   약사여래불
약사여래불   약사여래불   약사여래불   약사여래불
약사여래불   약사여래불   약사여래불   약사여래불
약사여래불   약사여래불   약사여래불   약사여래불
약사여래불   약사여래불   약사여래불   약사여래불
약사여래불   약사여래불   약사여래불   약사여래불
약사여래불   약사여래불   약사여래불   약사여래불
약사여래불   약사여래불   약사여래불   약사여래불
약사여래불   약사여래불   약사여래불   약사여래불
약사여래불   약사여래불   약사여래불   약사여래불
약사여래불   약사여래불   약사여래불   약사여래불
약사여래불   약사여래불   약사여래불   약사여래불

십이대원접군기   일편비심무공결   범부전도병근심
불우약사죄난멸   원멸 사생육도   법계유정
다겁생래제업장   아금참회계수례   원제죄장실소제
세세상행보살도   세세상행보살도   세세상행보살도

행복이 성취되는 **약사여래불** 명호사경기도 _____ 일째

나무 동방만월세계 십이상원 약사유리광여래불

약사여래불	약사여래불	약사여래불	약사여래불
약사여래불	약사여래불	약사여래불	약사여래불
약사여래불	약사여래불	약사여래불	약사여래불
약사여래불	약사여래불	약사여래불	약사여래불
약사여래불	약사여래불	약사여래불	약사여래불
약사여래불	약사여래불	약사여래불	약사여래불
약사여래불	약사여래불	약사여래불	약사여래불
약사여래불	약사여래불	약사여래불	약사여래불
약사여래불	약사여래불	약사여래불	약사여래불
약사여래불	약사여래불	약사여래불	약사여래불
약사여래불	약사여래불	약사여래불	약사여래불
약사여래불	약사여래불	약사여래불	약사여래불
약사여래불	약사여래불	약사여래불	약사여래불
약사여래불	약사여래불	약사여래불	약사여래불

약사여래불 약사여래불 약사여래불 약사여래불
약사여래불 약사여래불 약사여래불 약사여래불
약사여래불 약사여래불 약사여래불 약사여래불
약사여래불 약사여래불 약사여래불 약사여래불
약사여래불 약사여래불 약사여래불 약사여래불
약사여래불 약사여래불 약사여래불 약사여래불
약사여래불 약사여래불 약사여래불 약사여래불
약사여래불 약사여래불 약사여래불 약사여래불
약사여래불 약사여래불 약사여래불 약사여래불
약사여래불 약사여래불 약사여래불 약사여래불
약사여래불 약사여래불 약사여래불 약사여래불
약사여래불 약사여래불 약사여래불 약사여래불
약사여래불 약사여래불 약사여래불 약사여래불
십이대원접군기 일편비심무공결 범부전도병근심
불우약사죄난멸 원멸 사생육도 법계유정
다겁생래제업장 아금참회계수례 원제죄장실소제
세세상행보살도 세세상행보살도 세세상행보살도

나무 동방만월세계 십이상원 약사유리광여래불

약사여래불	약사여래불	약사여래불	약사여래불
약사여래불	약사여래불	약사여래불	약사여래불
약사여래불	약사여래불	약사여래불	약사여래불
약사여래불	약사여래불	약사여래불	약사여래불
약사여래불	약사여래불	약사여래불	약사여래불
약사여래불	약사여래불	약사여래불	약사여래불
약사여래불	약사여래불	약사여래불	약사여래불
약사여래불	약사여래불	약사여래불	약사여래불
약사여래불	약사여래불	약사여래불	약사여래불
약사여래불	약사여래불	약사여래불	약사여래불
약사여래불	약사여래불	약사여래불	약사여래불
약사여래불	약사여래불	약사여래불	약사여래불
약사여래불	약사여래불	약사여래불	약사여래불
약사여래불	약사여래불	약사여래불	약사여래불

약사여래불   약사여래불   약사여래불   약사여래불
약사여래불   약사여래불   약사여래불   약사여래불
약사여래불   약사여래불   약사여래불   약사여래불
약사여래불   약사여래불   약사여래불   약사여래불
약사여래불   약사여래불   약사여래불   약사여래불
약사여래불   약사여래불   약사여래불   약사여래불
약사여래불   약사여래불   약사여래불   약사여래불
약사여래불   약사여래불   약사여래불   약사여래불
약사여래불   약사여래불   약사여래불   약사여래불
약사여래불   약사여래불   약사여래불   약사여래불
약사여래불   약사여래불   약사여래불   약사여래불
약사여래불   약사여래불   약사여래불   약사여래불
약사여래불   약사여래불   약사여래불   약사여래불

십이대원접군기   일편비심무공결   범부전도병근심
불우약사죄난멸   원멸 사생육도   법계유정
다겁생래제업장   아금참회계수례   원제죄장실소제
세세상행보살도   세세상행보살도   세세상행보살도

행복이 성취되는 **약사여래불** 명호사경기도 _____일째

나무 동방만월세계 십이상원 약사유리광여래불

약사여래불	약사여래불	약사여래불	약사여래불
약사여래불	약사여래불	약사여래불	약사여래불
약사여래불	약사여래불	약사여래불	약사여래불
약사여래불	약사여래불	약사여래불	약사여래불
약사여래불	약사여래불	약사여래불	약사여래불
약사여래불	약사여래불	약사여래불	약사여래불
약사여래불	약사여래불	약사여래불	약사여래불
약사여래불	약사여래불	약사여래불	약사여래불
약사여래불	약사여래불	약사여래불	약사여래불
약사여래불	약사여래불	약사여래불	약사여래불
약사여래불	약사여래불	약사여래불	약사여래불
약사여래불	약사여래불	약사여래불	약사여래불
약사여래불	약사여래불	약사여래불	약사여래불
약사여래불	약사여래불	약사여래불	약사여래불

약사여래불   약사여래불   약사여래불   약사여래불
약사여래불   약사여래불   약사여래불   약사여래불
약사여래불   약사여래불   약사여래불   약사여래불
약사여래불   약사여래불   약사여래불   약사여래불
약사여래불   약사여래불   약사여래불   약사여래불
약사여래불   약사여래불   약사여래불   약사여래불
약사여래불   약사여래불   약사여래불   약사여래불
약사여래불   약사여래불   약사여래불   약사여래불
약사여래불   약사여래불   약사여래불   약사여래불
약사여래불   약사여래불   약사여래불   약사여래불
약사여래불   약사여래불   약사여래불   약사여래불
약사여래불   약사여래불   약사여래불   약사여래불
약사여래불   약사여래불   약사여래불   약사여래불
십이대원접군기   일편비심무공결   범부전도병근심
불우약사죄난멸   원멸 사생육도   법계유정
다겁생래제업장   아금참회계수례   원제죄장실소제
세세상행보살도   세세상행보살도   세세상행보살도

약사여래불 사경기도 20   년   월   일

나무 동방만월세계 십이상원 약사유리광여래불

약사여래불	약사여래불	약사여래불	약사여래불
약사여래불	약사여래불	약사여래불	약사여래불
약사여래불	약사여래불	약사여래불	약사여래불
약사여래불	약사여래불	약사여래불	약사여래불
약사여래불	약사여래불	약사여래불	약사여래불
약사여래불	약사여래불	약사여래불	약사여래불
약사여래불	약사여래불	약사여래불	약사여래불
약사여래불	약사여래불	약사여래불	약사여래불
약사여래불	약사여래불	약사여래불	약사여래불
약사여래불	약사여래불	약사여래불	약사여래불
약사여래불	약사여래불	약사여래불	약사여래불
약사여래불	약사여래불	약사여래불	약사여래불
약사여래불	약사여래불	약사여래불	약사여래불
약사여래불	약사여래불	약사여래불	약사여래불

약사여래불   약사여래불   약사여래불   약사여래불
약사여래불   약사여래불   약사여래불   약사여래불
약사여래불   약사여래불   약사여래불   약사여래불
약사여래불   약사여래불   약사여래불   약사여래불
약사여래불   약사여래불   약사여래불   약사여래불
약사여래불   약사여래불   약사여래불   약사여래불
약사여래불   약사여래불   약사여래불   약사여래불
약사여래불   약사여래불   약사여래불   약사여래불
약사여래불   약사여래불   약사여래불   약사여래불
약사여래불   약사여래불   약사여래불   약사여래불
약사여래불   약사여래불   약사여래불   약사여래불
약사여래불   약사여래불   약사여래불   약사여래불
약사여래불   약사여래불   약사여래불   약사여래불
십이대원접군기   일편비심무공결   범부전도병근심
불우약사죄난멸   원멸 사생육도   법계유정
다겁생래제업장   아금참회계수례   원제죄장실소제
세세상행보살도   세세상행보살도   세세상행보살도

나무 동방만월세계 십이상원 약사유리광여래불

약사여래불	약사여래불	약사여래불	약사여래불
약사여래불	약사여래불	약사여래불	약사여래불
약사여래불	약사여래불	약사여래불	약사여래불
약사여래불	약사여래불	약사여래불	약사여래불
약사여래불	약사여래불	약사여래불	약사여래불
약사여래불	약사여래불	약사여래불	약사여래불
약사여래불	약사여래불	약사여래불	약사여래불
약사여래불	약사여래불	약사여래불	약사여래불
약사여래불	약사여래불	약사여래불	약사여래불
약사여래불	약사여래불	약사여래불	약사여래불
약사여래불	약사여래불	약사여래불	약사여래불
약사여래불	약사여래불	약사여래불	약사여래불
약사여래불	약사여래불	약사여래불	약사여래불
약사여래불	약사여래불	약사여래불	약사여래불

약사여래불 약사여래불 약사여래불 약사여래불
약사여래불 약사여래불 약사여래불 약사여래불
약사여래불 약사여래불 약사여래불 약사여래불
약사여래불 약사여래불 약사여래불 약사여래불
약사여래불 약사여래불 약사여래불 약사여래불
약사여래불 약사여래불 약사여래불 약사여래불
약사여래불 약사여래불 약사여래불 약사여래불
약사여래불 약사여래불 약사여래불 약사여래불
약사여래불 약사여래불 약사여래불 약사여래불
약사여래불 약사여래불 약사여래불 약사여래불
약사여래불 약사여래불 약사여래불 약사여래불
약사여래불 약사여래불 약사여래불 약사여래불
약사여래불 약사여래불 약사여래불 약사여래불

십이대원접군기 일편비심무공결 범부전도병근심
불우약사죄난멸 원멸 사생육도 법계유정
다겁생래제업장 아금참회계수례 원제죄장실소제
세세상행보살도 세세상행보살도 세세상행보살도

행복이 성취되는 **약사여래불** 명호사경기도 _____ 일째

나무 동방만월세계 십이상원 약사유리광여래불

약사여래불	약사여래불	약사여래불	약사여래불
약사여래불	약사여래불	약사여래불	약사여래불
약사여래불	약사여래불	약사여래불	약사여래불
약사여래불	약사여래불	약사여래불	약사여래불
약사여래불	약사여래불	약사여래불	약사여래불
약사여래불	약사여래불	약사여래불	약사여래불
약사여래불	약사여래불	약사여래불	약사여래불
약사여래불	약사여래불	약사여래불	약사여래불
약사여래불	약사여래불	약사여래불	약사여래불
약사여래불	약사여래불	약사여래불	약사여래불
약사여래불	약사여래불	약사여래불	약사여래불
약사여래불	약사여래불	약사여래불	약사여래불
약사여래불	약사여래불	약사여래불	약사여래불
약사여래불	약사여래불	약사여래불	약사여래불

약사여래불　약사여래불　약사여래불　약사여래불
약사여래불　약사여래불　약사여래불　약사여래불
약사여래불　약사여래불　약사여래불　약사여래불
약사여래불　약사여래불　약사여래불　약사여래불
약사여래불　약사여래불　약사여래불　약사여래불
약사여래불　약사여래불　약사여래불　약사여래불
약사여래불　약사여래불　약사여래불　약사여래불
약사여래불　약사여래불　약사여래불　약사여래불
약사여래불　약사여래불　약사여래불　약사여래불
약사여래불　약사여래불　약사여래불　약사여래불
약사여래불　약사여래불　약사여래불　약사여래불
약사여래불　약사여래불　약사여래불　약사여래불
약사여래불　약사여래불　약사여래불　약사여래불
십이대원접군기　일편비심무공결　범부전도병근심
불우약사죄난멸　원멸　사생육도　법계유정
다겁생래제업장　아금참회계수례　원제죄장실소제
세세상행보살도　세세상행보살도　세세상행보살도

행복이 성취되는 **약사여래불** 명호사경기도 _____ 일째

나무 동방만월세계 십이상원 약사유리광여래불

약사여래불	약사여래불	약사여래불	약사여래불
약사여래불	약사여래불	약사여래불	약사여래불
약사여래불	약사여래불	약사여래불	약사여래불
약사여래불	약사여래불	약사여래불	약사여래불
약사여래불	약사여래불	약사여래불	약사여래불
약사여래불	약사여래불	약사여래불	약사여래불
약사여래불	약사여래불	약사여래불	약사여래불
약사여래불	약사여래불	약사여래불	약사여래불
약사여래불	약사여래불	약사여래불	약사여래불
약사여래불	약사여래불	약사여래불	약사여래불
약사여래불	약사여래불	약사여래불	약사여래불
약사여래불	약사여래불	약사여래불	약사여래불
약사여래불	약사여래불	약사여래불	약사여래불
약사여래불	약사여래불	약사여래불	약사여래불

약사여래불 약사여래불 약사여래불 약사여래불
약사여래불 약사여래불 약사여래불 약사여래불
약사여래불 약사여래불 약사여래불 약사여래불
약사여래불 약사여래불 약사여래불 약사여래불
약사여래불 약사여래불 약사여래불 약사여래불
약사여래불 약사여래불 약사여래불 약사여래불
약사여래불 약사여래불 약사여래불 약사여래불
약사여래불 약사여래불 약사여래불 약사여래불
약사여래불 약사여래불 약사여래불 약사여래불
약사여래불 약사여래불 약사여래불 약사여래불
약사여래불 약사여래불 약사여래불 약사여래불
약사여래불 약사여래불 약사여래불 약사여래불
약사여래불 약사여래불 약사여래불 약사여래불

십이대원접군기　일편비심무공결　범부전도병근심
불우약사죄난멸　원멸　사생육도　법계유정
다겁생래제업장　아금참회계수례　원제죄장실소제
세세상행보살도　세세상행보살도　세세상행보살도

나무 동방만월세계 십이상원 약사유리광여래불

약사여래불	약사여래불	약사여래불	약사여래불
약사여래불	약사여래불	약사여래불	약사여래불
약사여래불	약사여래불	약사여래불	약사여래불
약사여래불	약사여래불	약사여래불	약사여래불
약사여래불	약사여래불	약사여래불	약사여래불
약사여래불	약사여래불	약사여래불	약사여래불
약사여래불	약사여래불	약사여래불	약사여래불
약사여래불	약사여래불	약사여래불	약사여래불
약사여래불	약사여래불	약사여래불	약사여래불
약사여래불	약사여래불	약사여래불	약사여래불
약사여래불	약사여래불	약사여래불	약사여래불
약사여래불	약사여래불	약사여래불	약사여래불
약사여래불	약사여래불	약사여래불	약사여래불
약사여래불	약사여래불	약사여래불	약사여래불

약사여래불 약사여래불 약사여래불 약사여래불
약사여래불 약사여래불 약사여래불 약사여래불
약사여래불 약사여래불 약사여래불 약사여래불
약사여래불 약사여래불 약사여래불 약사여래불
약사여래불 약사여래불 약사여래불 약사여래불
약사여래불 약사여래불 약사여래불 약사여래불
약사여래불 약사여래불 약사여래불 약사여래불
약사여래불 약사여래불 약사여래불 약사여래불
약사여래불 약사여래불 약사여래불 약사여래불
약사여래불 약사여래불 약사여래불 약사여래불
약사여래불 약사여래불 약사여래불 약사여래불
약사여래불 약사여래불 약사여래불 약사여래불
약사여래불 약사여래불 약사여래불 약사여래불
십이대원접군기 일편비심무공결 범부전도병근심
불우약사죄난멸 원멸 사생육도 법계유정
다겁생래제업장 아금참회계수례 원제죄장실소제
세세상행보살도 세세상행보살도 세세상행보살도

나무 동방만월세계 십이상원 약사유리광여래불

약사여래불	약사여래불	약사여래불	약사여래불
약사여래불	약사여래불	약사여래불	약사여래불
약사여래불	약사여래불	약사여래불	약사여래불
약사여래불	약사여래불	약사여래불	약사여래불
약사여래불	약사여래불	약사여래불	약사여래불
약사여래불	약사여래불	약사여래불	약사여래불
약사여래불	약사여래불	약사여래불	약사여래불
약사여래불	약사여래불	약사여래불	약사여래불
약사여래불	약사여래불	약사여래불	약사여래불
약사여래불	약사여래불	약사여래불	약사여래불
약사여래불	약사여래불	약사여래불	약사여래불
약사여래불	약사여래불	약사여래불	약사여래불
약사여래불	약사여래불	약사여래불	약사여래불
약사여래불	약사여래불	약사여래불	약사여래불

약사여래불 약사여래불 약사여래불 약사여래불
약사여래불 약사여래불 약사여래불 약사여래불
약사여래불 약사여래불 약사여래불 약사여래불
약사여래불 약사여래불 약사여래불 약사여래불
약사여래불 약사여래불 약사여래불 약사여래불
약사여래불 약사여래불 약사여래불 약사여래불
약사여래불 약사여래불 약사여래불 약사여래불
약사여래불 약사여래불 약사여래불 약사여래불
약사여래불 약사여래불 약사여래불 약사여래불
약사여래불 약사여래불 약사여래불 약사여래불
약사여래불 약사여래불 약사여래불 약사여래불
약사여래불 약사여래불 약사여래불 약사여래불
약사여래불 약사여래불 약사여래불 약사여래불
십이대원접군기 일편비심무공결 범부전도병근심
불우약사죄난멸 원멸 사생육도 법계유정
다겁생래제업장 아금참회계수례 원제죄장실소제
세세상행보살도 세세상행보살도 세세상행보살도

나무 동방만월세계 십이상원 약사유리광여래불

약사여래불 약사여래불 약사여래불 약사여래불
약사여래불 약사여래불 약사여래불 약사여래불
약사여래불 약사여래불 약사여래불 약사여래불
약사여래불 약사여래불 약사여래불 약사여래불
약사여래불 약사여래불 약사여래불 약사여래불
약사여래불 약사여래불 약사여래불 약사여래불
약사여래불 약사여래불 약사여래불 약사여래불
약사여래불 약사여래불 약사여래불 약사여래불
약사여래불 약사여래불 약사여래불 약사여래불
약사여래불 약사여래불 약사여래불 약사여래불
약사여래불 약사여래불 약사여래불 약사여래불
약사여래불 약사여래불 약사여래불 약사여래불
약사여래불 약사여래불 약사여래불 약사여래불
약사여래불 약사여래불 약사여래불 약사여래불

약사여래불 약사여래불 약사여래불 약사여래불
약사여래불 약사여래불 약사여래불 약사여래불
약사여래불 약사여래불 약사여래불 약사여래불
약사여래불 약사여래불 약사여래불 약사여래불
약사여래불 약사여래불 약사여래불 약사여래불
약사여래불 약사여래불 약사여래불 약사여래불
약사여래불 약사여래불 약사여래불 약사여래불
약사여래불 약사여래불 약사여래불 약사여래불
약사여래불 약사여래불 약사여래불 약사여래불
약사여래불 약사여래불 약사여래불 약사여래불
약사여래불 약사여래불 약사여래불 약사여래불
약사여래불 약사여래불 약사여래불 약사여래불
약사여래불 약사여래불 약사여래불 약사여래불

십이대원접군기 일편비심무공결 범부전도병근심
불우약사죄난멸 원멸 사생육도 법계유정
다겁생래제업장 아금참회계수례 원제죄장실소제
세세상행보살도 세세상행보살도 세세상행보살도

행복이 성취되는 **약사여래불 명호사경기도** ____일째

나무 동방만월세계 십이상원 약사유리광여래불

약사여래불	약사여래불	약사여래불	약사여래불
약사여래불	약사여래불	약사여래불	약사여래불
약사여래불	약사여래불	약사여래불	약사여래불
약사여래불	약사여래불	약사여래불	약사여래불
약사여래불	약사여래불	약사여래불	약사여래불
약사여래불	약사여래불	약사여래불	약사여래불
약사여래불	약사여래불	약사여래불	약사여래불
약사여래불	약사여래불	약사여래불	약사여래불
약사여래불	약사여래불	약사여래불	약사여래불
약사여래불	약사여래불	약사여래불	약사여래불
약사여래불	약사여래불	약사여래불	약사여래불
약사여래불	약사여래불	약사여래불	약사여래불
약사여래불	약사여래불	약사여래불	약사여래불
약사여래불	약사여래불	약사여래불	약사여래불

약사여래불 약사여래불 약사여래불 약사여래불
약사여래불 약사여래불 약사여래불 약사여래불
약사여래불 약사여래불 약사여래불 약사여래불
약사여래불 약사여래불 약사여래불 약사여래불
약사여래불 약사여래불 약사여래불 약사여래불
약사여래불 약사여래불 약사여래불 약사여래불
약사여래불 약사여래불 약사여래불 약사여래불
약사여래불 약사여래불 약사여래불 약사여래불
약사여래불 약사여래불 약사여래불 약사여래불
약사여래불 약사여래불 약사여래불 약사여래불
약사여래불 약사여래불 약사여래불 약사여래불
약사여래불 약사여래불 약사여래불 약사여래불
약사여래불 약사여래불 약사여래불 약사여래불

십이대원접군기 일편비심무공결 범부전도병근심
불우약사죄난멸 원멸 사생육도 법계유정
다겁생래제업장 아금참회계수례 원제죄장실소제
세세상행보살도 세세상행보살도 세세상행보살도

나무 동방만월세계 십이상원 약사유리광여래불

약사여래불	약사여래불	약사여래불	약사여래불
약사여래불	약사여래불	약사여래불	약사여래불
약사여래불	약사여래불	약사여래불	약사여래불
약사여래불	약사여래불	약사여래불	약사여래불
약사여래불	약사여래불	약사여래불	약사여래불
약사여래불	약사여래불	약사여래불	약사여래불
약사여래불	약사여래불	약사여래불	약사여래불
약사여래불	약사여래불	약사여래불	약사여래불
약사여래불	약사여래불	약사여래불	약사여래불
약사여래불	약사여래불	약사여래불	약사여래불
약사여래불	약사여래불	약사여래불	약사여래불
약사여래불	약사여래불	약사여래불	약사여래불
약사여래불	약사여래불	약사여래불	약사여래불
약사여래불	약사여래불	약사여래불	약사여래불

약사여래불 약사여래불 약사여래불 약사여래불
약사여래불 약사여래불 약사여래불 약사여래불
약사여래불 약사여래불 약사여래불 약사여래불
약사여래불 약사여래불 약사여래불 약사여래불
약사여래불 약사여래불 약사여래불 약사여래불
약사여래불 약사여래불 약사여래불 약사여래불
약사여래불 약사여래불 약사여래불 약사여래불
약사여래불 약사여래불 약사여래불 약사여래불
약사여래불 약사여래불 약사여래불 약사여래불
약사여래불 약사여래불 약사여래불 약사여래불
약사여래불 약사여래불 약사여래불 약사여래불
약사여래불 약사여래불 약사여래불 약사여래불
약사여래불 약사여래불 약사여래불 약사여래불

십이대원접군기 일편비심무공결 범부전도병근심
불우약사죄난멸 원멸 사생육도 법계유정
다겁생래제업장 아금참회계수례 원제죄장실소제
세세상행보살도 세세상행보살도 세세상행보살도

행복이 성취되는 **약사여래불 명호사경기도**   일째

나무 동방만월세계 십이상원 약사유리광여래불

약사여래불	약사여래불	약사여래불	약사여래불
약사여래불	약사여래불	약사여래불	약사여래불
약사여래불	약사여래불	약사여래불	약사여래불
약사여래불	약사여래불	약사여래불	약사여래불
약사여래불	약사여래불	약사여래불	약사여래불
약사여래불	약사여래불	약사여래불	약사여래불
약사여래불	약사여래불	약사여래불	약사여래불
약사여래불	약사여래불	약사여래불	약사여래불
약사여래불	약사여래불	약사여래불	약사여래불
약사여래불	약사여래불	약사여래불	약사여래불
약사여래불	약사여래불	약사여래불	약사여래불
약사여래불	약사여래불	약사여래불	약사여래불
약사여래불	약사여래불	약사여래불	약사여래불
약사여래불	약사여래불	약사여래불	약사여래불

약사여래불 약사여래불 약사여래불 약사여래불
약사여래불 약사여래불 약사여래불 약사여래불
약사여래불 약사여래불 약사여래불 약사여래불
약사여래불 약사여래불 약사여래불 약사여래불
약사여래불 약사여래불 약사여래불 약사여래불
약사여래불 약사여래불 약사여래불 약사여래불
약사여래불 약사여래불 약사여래불 약사여래불
약사여래불 약사여래불 약사여래불 약사여래불
약사여래불 약사여래불 약사여래불 약사여래불
약사여래불 약사여래불 약사여래불 약사여래불
약사여래불 약사여래불 약사여래불 약사여래불
약사여래불 약사여래불 약사여래불 약사여래불
약사여래불 약사여래불 약사여래불 약사여래불
십이대원접군기 일편비심무공결 범부전도병근심
불우약사죄난멸 원멸 사생육도 법계유정
다겁생래제업장 아금참회계수례 원제죄장실소제
세세상행보살도 세세상행보살도 세세상행보살도

행복이 성취되는 **약사여래불** 명호사경기도 _____ 일째

나무 동방만월세계 십이상원 약사유리광여래불

약사여래불	약사여래불	약사여래불	약사여래불
약사여래불	약사여래불	약사여래불	약사여래불
약사여래불	약사여래불	약사여래불	약사여래불
약사여래불	약사여래불	약사여래불	약사여래불
약사여래불	약사여래불	약사여래불	약사여래불
약사여래불	약사여래불	약사여래불	약사여래불
약사여래불	약사여래불	약사여래불	약사여래불
약사여래불	약사여래불	약사여래불	약사여래불
약사여래불	약사여래불	약사여래불	약사여래불
약사여래불	약사여래불	약사여래불	약사여래불
약사여래불	약사여래불	약사여래불	약사여래불
약사여래불	약사여래불	약사여래불	약사여래불
약사여래불	약사여래불	약사여래불	약사여래불
약사여래불	약사여래불	약사여래불	약사여래불

약사여래불　　약사여래불　　약사여래불　　약사여래불
약사여래불　　약사여래불　　약사여래불　　약사여래불
약사여래불　　약사여래불　　약사여래불　　약사여래불
약사여래불　　약사여래불　　약사여래불　　약사여래불
약사여래불　　약사여래불　　약사여래불　　약사여래불
약사여래불　　약사여래불　　약사여래불　　약사여래불
약사여래불　　약사여래불　　약사여래불　　약사여래불
약사여래불　　약사여래불　　약사여래불　　약사여래불
약사여래불　　약사여래불　　약사여래불　　약사여래불
약사여래불　　약사여래불　　약사여래불　　약사여래불
약사여래불　　약사여래불　　약사여래불　　약사여래불
약사여래불　　약사여래불　　약사여래불　　약사여래불
약사여래불　　약사여래불　　약사여래불　　약사여래불
십이대원접군기　　일편비심무공결　　범부전도병근심
불우약사죄난멸　　원멸　사생육도　　법계유정
다겁생래제업장　　아금참회계수례　　원제죄장실소제
세세상행보살도　　세세상행보살도　　세세상행보살도

행복이 성취되는 **약사여래불 명호사경기도** _____ 일째

나무 동방만월세계 십이상원 약사유리광여래불

약사여래불	약사여래불	약사여래불	약사여래불
약사여래불	약사여래불	약사여래불	약사여래불
약사여래불	약사여래불	약사여래불	약사여래불
약사여래불	약사여래불	약사여래불	약사여래불
약사여래불	약사여래불	약사여래불	약사여래불
약사여래불	약사여래불	약사여래불	약사여래불
약사여래불	약사여래불	약사여래불	약사여래불
약사여래불	약사여래불	약사여래불	약사여래불
약사여래불	약사여래불	약사여래불	약사여래불
약사여래불	약사여래불	약사여래불	약사여래불
약사여래불	약사여래불	약사여래불	약사여래불
약사여래불	약사여래불	약사여래불	약사여래불
약사여래불	약사여래불	약사여래불	약사여래불
약사여래불	약사여래불	약사여래불	약사여래불

약사여래불 약사여래불 약사여래불 약사여래불
약사여래불 약사여래불 약사여래불 약사여래불
약사여래불 약사여래불 약사여래불 약사여래불
약사여래불 약사여래불 약사여래불 약사여래불
약사여래불 약사여래불 약사여래불 약사여래불
약사여래불 약사여래불 약사여래불 약사여래불
약사여래불 약사여래불 약사여래불 약사여래불
약사여래불 약사여래불 약사여래불 약사여래불
약사여래불 약사여래불 약사여래불 약사여래불
약사여래불 약사여래불 약사여래불 약사여래불
약사여래불 약사여래불 약사여래불 약사여래불
약사여래불 약사여래불 약사여래불 약사여래불
약사여래불 약사여래불 약사여래불 약사여래불

십이대원접군기 일편비심무공결 범부전도병근심
불우약사죄난멸 원멸 사생육도 법계유정
다겁생래제업장 아금참회계수례 원제죄장실소제
세세상행보살도 세세상행보살도 세세상행보살도

나무 동방만월세계 십이상원 약사유리광여래불

약사여래불	약사여래불	약사여래불	약사여래불
약사여래불	약사여래불	약사여래불	약사여래불
약사여래불	약사여래불	약사여래불	약사여래불
약사여래불	약사여래불	약사여래불	약사여래불
약사여래불	약사여래불	약사여래불	약사여래불
약사여래불	약사여래불	약사여래불	약사여래불
약사여래불	약사여래불	약사여래불	약사여래불
약사여래불	약사여래불	약사여래불	약사여래불
약사여래불	약사여래불	약사여래불	약사여래불
약사여래불	약사여래불	약사여래불	약사여래불
약사여래불	약사여래불	약사여래불	약사여래불
약사여래불	약사여래불	약사여래불	약사여래불
약사여래불	약사여래불	약사여래불	약사여래불
약사여래불	약사여래불	약사여래불	약사여래불

약사여래불 약사여래불 약사여래불 약사여래불
약사여래불 약사여래불 약사여래불 약사여래불
약사여래불 약사여래불 약사여래불 약사여래불
약사여래불 약사여래불 약사여래불 약사여래불
약사여래불 약사여래불 약사여래불 약사여래불
약사여래불 약사여래불 약사여래불 약사여래불
약사여래불 약사여래불 약사여래불 약사여래불
약사여래불 약사여래불 약사여래불 약사여래불
약사여래불 약사여래불 약사여래불 약사여래불
약사여래불 약사여래불 약사여래불 약사여래불
약사여래불 약사여래불 약사여래불 약사여래불
약사여래불 약사여래불 약사여래불 약사여래불
약사여래불 약사여래불 약사여래불 약사여래불

십이대원접군기 일편비심무공결 범부전도병근심
불우약사죄난멸 원멸 사생육도 법계유정
다겁생래제업장 아금참회계수례 원제죄장실소제
세세상행보살도 세세상행보살도 세세상행보살도

행복이 성취되는 **약사여래불 명호사경기도** _____ 일째

나무 동방만월세계 십이상원 약사유리광여래불

약사여래불	약사여래불	약사여래불	약사여래불
약사여래불	약사여래불	약사여래불	약사여래불
약사여래불	약사여래불	약사여래불	약사여래불
약사여래불	약사여래불	약사여래불	약사여래불
약사여래불	약사여래불	약사여래불	약사여래불
약사여래불	약사여래불	약사여래불	약사여래불
약사여래불	약사여래불	약사여래불	약사여래불
약사여래불	약사여래불	약사여래불	약사여래불
약사여래불	약사여래불	약사여래불	약사여래불
약사여래불	약사여래불	약사여래불	약사여래불
약사여래불	약사여래불	약사여래불	약사여래불
약사여래불	약사여래불	약사여래불	약사여래불
약사여래불	약사여래불	약사여래불	약사여래불
약사여래불	약사여래불	약사여래불	약사여래불

약사여래불 약사여래불 약사여래불 약사여래불
약사여래불 약사여래불 약사여래불 약사여래불
약사여래불 약사여래불 약사여래불 약사여래불
약사여래불 약사여래불 약사여래불 약사여래불
약사여래불 약사여래불 약사여래불 약사여래불
약사여래불 약사여래불 약사여래불 약사여래불
약사여래불 약사여래불 약사여래불 약사여래불
약사여래불 약사여래불 약사여래불 약사여래불
약사여래불 약사여래불 약사여래불 약사여래불
약사여래불 약사여래불 약사여래불 약사여래불
약사여래불 약사여래불 약사여래불 약사여래불
약사여래불 약사여래불 약사여래불 약사여래불
약사여래불 약사여래불 약사여래불 약사여래불
십이대원접군기 일편비심무공결 범부전도병근심
불우약사죄난멸 원멸 사생육도 법계유정
다겁생래제업장 아금참회계수례 원제죄장실소제
세세상행보살도 세세상행보살도 세세상행보살도

행복이 성취되는 **약사여래불 명호사경기도** _____ 일째

나무 동방만월세계 십이상원 약사유리광여래불

약사여래불	약사여래불	약사여래불	약사여래불
약사여래불	약사여래불	약사여래불	약사여래불
약사여래불	약사여래불	약사여래불	약사여래불
약사여래불	약사여래불	약사여래불	약사여래불
약사여래불	약사여래불	약사여래불	약사여래불
약사여래불	약사여래불	약사여래불	약사여래불
약사여래불	약사여래불	약사여래불	약사여래불
약사여래불	약사여래불	약사여래불	약사여래불
약사여래불	약사여래불	약사여래불	약사여래불
약사여래불	약사여래불	약사여래불	약사여래불
약사여래불	약사여래불	약사여래불	약사여래불
약사여래불	약사여래불	약사여래불	약사여래불
약사여래불	약사여래불	약사여래불	약사여래불
약사여래불	약사여래불	약사여래불	약사여래불

약사여래불 약사여래불 약사여래불 약사여래불
약사여래불 약사여래불 약사여래불 약사여래불
약사여래불 약사여래불 약사여래불 약사여래불
약사여래불 약사여래불 약사여래불 약사여래불
약사여래불 약사여래불 약사여래불 약사여래불
약사여래불 약사여래불 약사여래불 약사여래불
약사여래불 약사여래불 약사여래불 약사여래불
약사여래불 약사여래불 약사여래불 약사여래불
약사여래불 약사여래불 약사여래불 약사여래불
약사여래불 약사여래불 약사여래불 약사여래불
약사여래불 약사여래불 약사여래불 약사여래불
약사여래불 약사여래불 약사여래불 약사여래불
약사여래불 약사여래불 약사여래불 약사여래불

십이대원접군기 일편비심무공결 범부전도병근심
불우약사죄난멸 원멸 사생육도 법계유정
다겁생래제업장 아금참회계수례 원제죄장실소제
세세상행보살도 세세상행보살도 세세상행보살도

나무 동방만월세계 십이상원 약사유리광여래불

약사여래불	약사여래불	약사여래불	약사여래불
약사여래불	약사여래불	약사여래불	약사여래불
약사여래불	약사여래불	약사여래불	약사여래불
약사여래불	약사여래불	약사여래불	약사여래불
약사여래불	약사여래불	약사여래불	약사여래불
약사여래불	약사여래불	약사여래불	약사여래불
약사여래불	약사여래불	약사여래불	약사여래불
약사여래불	약사여래불	약사여래불	약사여래불
약사여래불	약사여래불	약사여래불	약사여래불
약사여래불	약사여래불	약사여래불	약사여래불
약사여래불	약사여래불	약사여래불	약사여래불
약사여래불	약사여래불	약사여래불	약사여래불
약사여래불	약사여래불	약사여래불	약사여래불
약사여래불	약사여래불	약사여래불	약사여래불

약사여래불 약사여래불 약사여래불 약사여래불
약사여래불 약사여래불 약사여래불 약사여래불
약사여래불 약사여래불 약사여래불 약사여래불
약사여래불 약사여래불 약사여래불 약사여래불
약사여래불 약사여래불 약사여래불 약사여래불
약사여래불 약사여래불 약사여래불 약사여래불
약사여래불 약사여래불 약사여래불 약사여래불
약사여래불 약사여래불 약사여래불 약사여래불
약사여래불 약사여래불 약사여래불 약사여래불
약사여래불 약사여래불 약사여래불 약사여래불
약사여래불 약사여래불 약사여래불 약사여래불
약사여래불 약사여래불 약사여래불 약사여래불
약사여래불 약사여래불 약사여래불 약사여래불
십이대원접군기 일편비심무공결 범부전도병근심
불우약사죄난멸 원멸 사생육도 법계유정
다겁생래제업장 아금참회계수례 원제죄장실소제
세세상행보살도 세세상행보살도 세세상행보살도

행복이 성취되는 **약사여래불** 명호사경기도 _____ 일째

나무 동방만월세계 십이상원 약사유리광여래불

약사여래불	약사여래불	약사여래불	약사여래불
약사여래불	약사여래불	약사여래불	약사여래불
약사여래불	약사여래불	약사여래불	약사여래불
약사여래불	약사여래불	약사여래불	약사여래불
약사여래불	약사여래불	약사여래불	약사여래불
약사여래불	약사여래불	약사여래불	약사여래불
약사여래불	약사여래불	약사여래불	약사여래불
약사여래불	약사여래불	약사여래불	약사여래불
약사여래불	약사여래불	약사여래불	약사여래불
약사여래불	약사여래불	약사여래불	약사여래불
약사여래불	약사여래불	약사여래불	약사여래불
약사여래불	약사여래불	약사여래불	약사여래불
약사여래불	약사여래불	약사여래불	약사여래불
약사여래불	약사여래불	약사여래불	약사여래불

약사여래불	약사여래불	약사여래불	약사여래불
약사여래불	약사여래불	약사여래불	약사여래불
약사여래불	약사여래불	약사여래불	약사여래불
약사여래불	약사여래불	약사여래불	약사여래불
약사여래불	약사여래불	약사여래불	약사여래불
약사여래불	약사여래불	약사여래불	약사여래불
약사여래불	약사여래불	약사여래불	약사여래불
약사여래불	약사여래불	약사여래불	약사여래불
약사여래불	약사여래불	약사여래불	약사여래불
약사여래불	약사여래불	약사여래불	약사여래불
약사여래불	약사여래불	약사여래불	약사여래불
약사여래불	약사여래불	약사여래불	약사여래불
약사여래불	약사여래불	약사여래불	약사여래불

십이대원접군기　일편비심무공결　범부전도병근심
불우약사죄난멸　원멸 사생육도　법계유정
다겁생래제업장　아금참회계수례　원제죄장실소제
세세상행보살도　세세상행보살도　세세상행보살도

나무 동방만월세계 십이상원 약사유리광여래불

약사여래불	약사여래불	약사여래불	약사여래불
약사여래불	약사여래불	약사여래불	약사여래불
약사여래불	약사여래불	약사여래불	약사여래불
약사여래불	약사여래불	약사여래불	약사여래불
약사여래불	약사여래불	약사여래불	약사여래불
약사여래불	약사여래불	약사여래불	약사여래불
약사여래불	약사여래불	약사여래불	약사여래불
약사여래불	약사여래불	약사여래불	약사여래불
약사여래불	약사여래불	약사여래불	약사여래불
약사여래불	약사여래불	약사여래불	약사여래불
약사여래불	약사여래불	약사여래불	약사여래불
약사여래불	약사여래불	약사여래불	약사여래불
약사여래불	약사여래불	약사여래불	약사여래불
약사여래불	약사여래불	약사여래불	약사여래불

약사여래불 약사여래불 약사여래불 약사여래불
약사여래불 약사여래불 약사여래불 약사여래불
약사여래불 약사여래불 약사여래불 약사여래불
약사여래불 약사여래불 약사여래불 약사여래불
약사여래불 약사여래불 약사여래불 약사여래불
약사여래불 약사여래불 약사여래불 약사여래불
약사여래불 약사여래불 약사여래불 약사여래불
약사여래불 약사여래불 약사여래불 약사여래불
약사여래불 약사여래불 약사여래불 약사여래불
약사여래불 약사여래불 약사여래불 약사여래불
약사여래불 약사여래불 약사여래불 약사여래불
약사여래불 약사여래불 약사여래불 약사여래불
약사여래불 약사여래불 약사여래불 약사여래불
십이대원접군기 일편비심무공결 범부전도병근심
불우약사죄난멸 원멸 사생육도 법계유정
다겁생래제업장 아금참회계수례 원제죄장실소제
세세상행보살도 세세상행보살도 세세상행보살도

행복이 성취되는 **약사여래불** 명호사경기도 _____ 일째

나무 동방만월세계 십이상원 약사유리광여래불

약사여래불	약사여래불	약사여래불	약사여래불
약사여래불	약사여래불	약사여래불	약사여래불
약사여래불	약사여래불	약사여래불	약사여래불
약사여래불	약사여래불	약사여래불	약사여래불
약사여래불	약사여래불	약사여래불	약사여래불
약사여래불	약사여래불	약사여래불	약사여래불
약사여래불	약사여래불	약사여래불	약사여래불
약사여래불	약사여래불	약사여래불	약사여래불
약사여래불	약사여래불	약사여래불	약사여래불
약사여래불	약사여래불	약사여래불	약사여래불
약사여래불	약사여래불	약사여래불	약사여래불
약사여래불	약사여래불	약사여래불	약사여래불
약사여래불	약사여래불	약사여래불	약사여래불
약사여래불	약사여래불	약사여래불	약사여래불

약사여래불   약사여래불   약사여래불   약사여래불
약사여래불   약사여래불   약사여래불   약사여래불
약사여래불   약사여래불   약사여래불   약사여래불
약사여래불   약사여래불   약사여래불   약사여래불
약사여래불   약사여래불   약사여래불   약사여래불
약사여래불   약사여래불   약사여래불   약사여래불
약사여래불   약사여래불   약사여래불   약사여래불
약사여래불   약사여래불   약사여래불   약사여래불
약사여래불   약사여래불   약사여래불   약사여래불
약사여래불   약사여래불   약사여래불   약사여래불
약사여래불   약사여래불   약사여래불   약사여래불
약사여래불   약사여래불   약사여래불   약사여래불
약사여래불   약사여래불   약사여래불   약사여래불

십이대원접군기   일편비심무공결   범부전도병근심
불우약사죄난멸   원멸 사생육도   법계유정
다겁생래제업장   아금참회계수례   원제죄장실소제
세세상행보살도   세세상행보살도   세세상행보살도

나무 동방만월세계 십이상원 약사유리광여래불

약사여래불	약사여래불	약사여래불	약사여래불
약사여래불	약사여래불	약사여래불	약사여래불
약사여래불	약사여래불	약사여래불	약사여래불
약사여래불	약사여래불	약사여래불	약사여래불
약사여래불	약사여래불	약사여래불	약사여래불
약사여래불	약사여래불	약사여래불	약사여래불
약사여래불	약사여래불	약사여래불	약사여래불
약사여래불	약사여래불	약사여래불	약사여래불
약사여래불	약사여래불	약사여래불	약사여래불
약사여래불	약사여래불	약사여래불	약사여래불
약사여래불	약사여래불	약사여래불	약사여래불
약사여래불	약사여래불	약사여래불	약사여래불
약사여래불	약사여래불	약사여래불	약사여래불
약사여래불	약사여래불	약사여래불	약사여래불

약사여래불 약사여래불 약사여래불 약사여래불
약사여래불 약사여래불 약사여래불 약사여래불
약사여래불 약사여래불 약사여래불 약사여래불
약사여래불 약사여래불 약사여래불 약사여래불
약사여래불 약사여래불 약사여래불 약사여래불
약사여래불 약사여래불 약사여래불 약사여래불
약사여래불 약사여래불 약사여래불 약사여래불
약사여래불 약사여래불 약사여래불 약사여래불
약사여래불 약사여래불 약사여래불 약사여래불
약사여래불 약사여래불 약사여래불 약사여래불
약사여래불 약사여래불 약사여래불 약사여래불
약사여래불 약사여래불 약사여래불 약사여래불
약사여래불 약사여래불 약사여래불 약사여래불
십이대원접군기　일편비심무공결　범부전도병근심
불우약사죄난멸　원멸　사생육도　법계유정
다겁생래제업장　아금참회계수례　원제죄장실소제
세세상행보살도　세세상행보살도　세세상행보살도

나무 동방만월세계 십이상원 약사유리광여래불

약사여래불	약사여래불	약사여래불	약사여래불
약사여래불	약사여래불	약사여래불	약사여래불
약사여래불	약사여래불	약사여래불	약사여래불
약사여래불	약사여래불	약사여래불	약사여래불
약사여래불	약사여래불	약사여래불	약사여래불
약사여래불	약사여래불	약사여래불	약사여래불
약사여래불	약사여래불	약사여래불	약사여래불
약사여래불	약사여래불	약사여래불	약사여래불
약사여래불	약사여래불	약사여래불	약사여래불
약사여래불	약사여래불	약사여래불	약사여래불
약사여래불	약사여래불	약사여래불	약사여래불
약사여래불	약사여래불	약사여래불	약사여래불
약사여래불	약사여래불	약사여래불	약사여래불
약사여래불	약사여래불	약사여래불	약사여래불

약사여래불	약사여래불	약사여래불	약사여래불
약사여래불	약사여래불	약사여래불	약사여래불
약사여래불	약사여래불	약사여래불	약사여래불
약사여래불	약사여래불	약사여래불	약사여래불
약사여래불	약사여래불	약사여래불	약사여래불
약사여래불	약사여래불	약사여래불	약사여래불
약사여래불	약사여래불	약사여래불	약사여래불
약사여래불	약사여래불	약사여래불	약사여래불
약사여래불	약사여래불	약사여래불	약사여래불
약사여래불	약사여래불	약사여래불	약사여래불
약사여래불	약사여래불	약사여래불	약사여래불
약사여래불	약사여래불	약사여래불	약사여래불
약사여래불	약사여래불	약사여래불	약사여래불

십이대원접군기 일편비심무공결 범부전도병근심
불우약사죄난멸 원멸 사생육도 법계유정
다겁생래제업장 아금참회계수례 원제죄장실소제
세세상행보살도 세세상행보살도 세세상행보살도

행복이 성취되는 **약사여래불** 명호사경기도 _____ 일째

나무 동방만월세계 십이상원 약사유리광여래불

약사여래불	약사여래불	약사여래불	약사여래불
약사여래불	약사여래불	약사여래불	약사여래불
약사여래불	약사여래불	약사여래불	약사여래불
약사여래불	약사여래불	약사여래불	약사여래불
약사여래불	약사여래불	약사여래불	약사여래불
약사여래불	약사여래불	약사여래불	약사여래불
약사여래불	약사여래불	약사여래불	약사여래불
약사여래불	약사여래불	약사여래불	약사여래불
약사여래불	약사여래불	약사여래불	약사여래불
약사여래불	약사여래불	약사여래불	약사여래불
약사여래불	약사여래불	약사여래불	약사여래불
약사여래불	약사여래불	약사여래불	약사여래불
약사여래불	약사여래불	약사여래불	약사여래불
약사여래불	약사여래불	약사여래불	약사여래불

약사여래불	약사여래불	약사여래불	약사여래불
약사여래불	약사여래불	약사여래불	약사여래불
약사여래불	약사여래불	약사여래불	약사여래불
약사여래불	약사여래불	약사여래불	약사여래불
약사여래불	약사여래불	약사여래불	약사여래불
약사여래불	약사여래불	약사여래불	약사여래불
약사여래불	약사여래불	약사여래불	약사여래불
약사여래불	약사여래불	약사여래불	약사여래불
약사여래불	약사여래불	약사여래불	약사여래불
약사여래불	약사여래불	약사여래불	약사여래불
약사여래불	약사여래불	약사여래불	약사여래불
약사여래불	약사여래불	약사여래불	약사여래불
약사여래불	약사여래불	약사여래불	약사여래불

십이대원접군기 　 일편비심무공결 　 범부전도병근심
불우약사죄난멸 　 원멸 사생육도 　 법계유정
다겁생래제업장 　 아금참회계수례 　 원제죄장실소제
세세상행보살도 　 세세상행보살도 　 세세상행보살도

행복이 성취되는 **약사여래불** 명호사경기도 _____ 일째

나무 동방만월세계 십이상원 약사유리광여래불

약사여래불	약사여래불	약사여래불	약사여래불
약사여래불	약사여래불	약사여래불	약사여래불
약사여래불	약사여래불	약사여래불	약사여래불
약사여래불	약사여래불	약사여래불	약사여래불
약사여래불	약사여래불	약사여래불	약사여래불
약사여래불	약사여래불	약사여래불	약사여래불
약사여래불	약사여래불	약사여래불	약사여래불
약사여래불	약사여래불	약사여래불	약사여래불
약사여래불	약사여래불	약사여래불	약사여래불
약사여래불	약사여래불	약사여래불	약사여래불
약사여래불	약사여래불	약사여래불	약사여래불
약사여래불	약사여래불	약사여래불	약사여래불
약사여래불	약사여래불	약사여래불	약사여래불
약사여래불	약사여래불	약사여래불	약사여래불

약사여래불 약사여래불 약사여래불 약사여래불
약사여래불 약사여래불 약사여래불 약사여래불
약사여래불 약사여래불 약사여래불 약사여래불
약사여래불 약사여래불 약사여래불 약사여래불
약사여래불 약사여래불 약사여래불 약사여래불
약사여래불 약사여래불 약사여래불 약사여래불
약사여래불 약사여래불 약사여래불 약사여래불
약사여래불 약사여래불 약사여래불 약사여래불
약사여래불 약사여래불 약사여래불 약사여래불
약사여래불 약사여래불 약사여래불 약사여래불
약사여래불 약사여래불 약사여래불 약사여래불
약사여래불 약사여래불 약사여래불 약사여래불
약사여래불 약사여래불 약사여래불 약사여래불
십이대원접군기 일편비심무공결 범부전도병근심
불우약사죄난멸 원멸 사생육도 법계유정
다겁생래제업장 아금참회계수례 원제죄장실소제
세세상행보살도 세세상행보살도 세세상행보살도

나무 동방만월세계 십이상원 약사유리광여래불

약사여래불	약사여래불	약사여래불	약사여래불
약사여래불	약사여래불	약사여래불	약사여래불
약사여래불	약사여래불	약사여래불	약사여래불
약사여래불	약사여래불	약사여래불	약사여래불
약사여래불	약사여래불	약사여래불	약사여래불
약사여래불	약사여래불	약사여래불	약사여래불
약사여래불	약사여래불	약사여래불	약사여래불
약사여래불	약사여래불	약사여래불	약사여래불
약사여래불	약사여래불	약사여래불	약사여래불
약사여래불	약사여래불	약사여래불	약사여래불
약사여래불	약사여래불	약사여래불	약사여래불
약사여래불	약사여래불	약사여래불	약사여래불
약사여래불	약사여래불	약사여래불	약사여래불
약사여래불	약사여래불	약사여래불	약사여래불

약사여래불	약사여래불	약사여래불	약사여래불
약사여래불	약사여래불	약사여래불	약사여래불
약사여래불	약사여래불	약사여래불	약사여래불
약사여래불	약사여래불	약사여래불	약사여래불
약사여래불	약사여래불	약사여래불	약사여래불
약사여래불	약사여래불	약사여래불	약사여래불
약사여래불	약사여래불	약사여래불	약사여래불
약사여래불	약사여래불	약사여래불	약사여래불
약사여래불	약사여래불	약사여래불	약사여래불
약사여래불	약사여래불	약사여래불	약사여래불
약사여래불	약사여래불	약사여래불	약사여래불
약사여래불	약사여래불	약사여래불	약사여래불
약사여래불	약사여래불	약사여래불	약사여래불

십이대원접군기　일편비심무공결　범부전도병근심
불우약사죄난멸　원멸 사생육도　법계유정
다겁생래제업장　아금참회계수례　원제죄장실소제
세세상행보살도　세세상행보살도　세세상행보살도

행복이 성취되는 **약사여래불** 명호사경기도 _____ 일째

나무 동방만월세계 십이상원 약사유리광여래불

약사여래불	약사여래불	약사여래불	약사여래불
약사여래불	약사여래불	약사여래불	약사여래불
약사여래불	약사여래불	약사여래불	약사여래불
약사여래불	약사여래불	약사여래불	약사여래불
약사여래불	약사여래불	약사여래불	약사여래불
약사여래불	약사여래불	약사여래불	약사여래불
약사여래불	약사여래불	약사여래불	약사여래불
약사여래불	약사여래불	약사여래불	약사여래불
약사여래불	약사여래불	약사여래불	약사여래불
약사여래불	약사여래불	약사여래불	약사여래불
약사여래불	약사여래불	약사여래불	약사여래불
약사여래불	약사여래불	약사여래불	약사여래불
약사여래불	약사여래불	약사여래불	약사여래불
약사여래불	약사여래불	약사여래불	약사여래불

약사여래불 약사여래불 약사여래불 약사여래불
약사여래불 약사여래불 약사여래불 약사여래불
약사여래불 약사여래불 약사여래불 약사여래불
약사여래불 약사여래불 약사여래불 약사여래불
약사여래불 약사여래불 약사여래불 약사여래불
약사여래불 약사여래불 약사여래불 약사여래불
약사여래불 약사여래불 약사여래불 약사여래불
약사여래불 약사여래불 약사여래불 약사여래불
약사여래불 약사여래불 약사여래불 약사여래불
약사여래불 약사여래불 약사여래불 약사여래불
약사여래불 약사여래불 약사여래불 약사여래불
약사여래불 약사여래불 약사여래불 약사여래불
약사여래불 약사여래불 약사여래불 약사여래불

십이대원접군기 일편비심무공결 범부전도병근심
불우약사죄난멸 원멸 사생육도 법계유정
다겁생래제업장 아금참회계수례 원제죄장실소제
세세상행보살도 세세상행보살도 세세상행보살도

나무 동방만월세계 십이상원 약사유리광여래불

약사여래불	약사여래불	약사여래불	약사여래불
약사여래불	약사여래불	약사여래불	약사여래불
약사여래불	약사여래불	약사여래불	약사여래불
약사여래불	약사여래불	약사여래불	약사여래불
약사여래불	약사여래불	약사여래불	약사여래불
약사여래불	약사여래불	약사여래불	약사여래불
약사여래불	약사여래불	약사여래불	약사여래불
약사여래불	약사여래불	약사여래불	약사여래불
약사여래불	약사여래불	약사여래불	약사여래불
약사여래불	약사여래불	약사여래불	약사여래불
약사여래불	약사여래불	약사여래불	약사여래불
약사여래불	약사여래불	약사여래불	약사여래불
약사여래불	약사여래불	약사여래불	약사여래불

약사여래불 약사여래불 약사여래불 약사여래불
약사여래불 약사여래불 약사여래불 약사여래불
약사여래불 약사여래불 약사여래불 약사여래불
약사여래불 약사여래불 약사여래불 약사여래불
약사여래불 약사여래불 약사여래불 약사여래불
약사여래불 약사여래불 약사여래불 약사여래불
약사여래불 약사여래불 약사여래불 약사여래불
약사여래불 약사여래불 약사여래불 약사여래불
약사여래불 약사여래불 약사여래불 약사여래불
약사여래불 약사여래불 약사여래불 약사여래불
약사여래불 약사여래불 약사여래불 약사여래불
약사여래불 약사여래불 약사여래불 약사여래불
약사여래불 약사여래불 약사여래불 약사여래불

십이대원접군기 일편비심무공결 범부전도병근심
불우약사죄난멸 원멸 사생육도 법계유정
다겁생래제업장 아금참회계수례 원제죄장실소제
세세상행보살도 세세상행보살도 세세상행보살도

행복이 성취되는 **약사여래불** 명호사경기도 _____ 일째

나무 동방만월세계 십이상원 약사유리광여래불

약사여래불	약사여래불	약사여래불	약사여래불
약사여래불	약사여래불	약사여래불	약사여래불
약사여래불	약사여래불	약사여래불	약사여래불
약사여래불	약사여래불	약사여래불	약사여래불
약사여래불	약사여래불	약사여래불	약사여래불
약사여래불	약사여래불	약사여래불	약사여래불
약사여래불	약사여래불	약사여래불	약사여래불
약사여래불	약사여래불	약사여래불	약사여래불
약사여래불	약사여래불	약사여래불	약사여래불
약사여래불	약사여래불	약사여래불	약사여래불
약사여래불	약사여래불	약사여래불	약사여래불
약사여래불	약사여래불	약사여래불	약사여래불
약사여래불	약사여래불	약사여래불	약사여래불
약사여래불	약사여래불	약사여래불	약사여래불

약사여래불 약사여래불 약사여래불 약사여래불
약사여래불 약사여래불 약사여래불 약사여래불
약사여래불 약사여래불 약사여래불 약사여래불
약사여래불 약사여래불 약사여래불 약사여래불
약사여래불 약사여래불 약사여래불 약사여래불
약사여래불 약사여래불 약사여래불 약사여래불
약사여래불 약사여래불 약사여래불 약사여래불
약사여래불 약사여래불 약사여래불 약사여래불
약사여래불 약사여래불 약사여래불 약사여래불
약사여래불 약사여래불 약사여래불 약사여래불
약사여래불 약사여래불 약사여래불 약사여래불
약사여래불 약사여래불 약사여래불 약사여래불
약사여래불 약사여래불 약사여래불 약사여래불

십이대원접군기　일편비심무공결　범부전도병근심
불우약사죄난멸　원멸　사생육도　법계유정
다겁생래제업장　아금참회계수례　원제죄장실소제
세세상행보살도　세세상행보살도　세세상행보살도

행복이 성취되는 **약사여래불** 명호사경기도 _____ 일째

나무 동방만월세계 십이상원 약사유리광여래불

약사여래불	약사여래불	약사여래불	약사여래불
약사여래불	약사여래불	약사여래불	약사여래불
약사여래불	약사여래불	약사여래불	약사여래불
약사여래불	약사여래불	약사여래불	약사여래불
약사여래불	약사여래불	약사여래불	약사여래불
약사여래불	약사여래불	약사여래불	약사여래불
약사여래불	약사여래불	약사여래불	약사여래불
약사여래불	약사여래불	약사여래불	약사여래불
약사여래불	약사여래불	약사여래불	약사여래불
약사여래불	약사여래불	약사여래불	약사여래불
약사여래불	약사여래불	약사여래불	약사여래불
약사여래불	약사여래불	약사여래불	약사여래불
약사여래불	약사여래불	약사여래불	약사여래불
약사여래불	약사여래불	약사여래불	약사여래불

약사여래불 약사여래불 약사여래불 약사여래불
약사여래불 약사여래불 약사여래불 약사여래불
약사여래불 약사여래불 약사여래불 약사여래불
약사여래불 약사여래불 약사여래불 약사여래불
약사여래불 약사여래불 약사여래불 약사여래불
약사여래불 약사여래불 약사여래불 약사여래불
약사여래불 약사여래불 약사여래불 약사여래불
약사여래불 약사여래불 약사여래불 약사여래불
약사여래불 약사여래불 약사여래불 약사여래불
약사여래불 약사여래불 약사여래불 약사여래불
약사여래불 약사여래불 약사여래불 약사여래불
약사여래불 약사여래불 약사여래불 약사여래불
십이대원접군기 일편비심무공결 범부전도병근심
불우약사죄난멸 원멸 사생육도 법계유정
다겁생래제업장 아금참회계수례 원제죄장실소제
세세상행보살도 세세상행보살도 세세상행보살도

나무 동방만월세계 십이상원 약사유리광여래불

약사여래불	약사여래불	약사여래불	약사여래불
약사여래불	약사여래불	약사여래불	약사여래불
약사여래불	약사여래불	약사여래불	약사여래불
약사여래불	약사여래불	약사여래불	약사여래불
약사여래불	약사여래불	약사여래불	약사여래불
약사여래불	약사여래불	약사여래불	약사여래불
약사여래불	약사여래불	약사여래불	약사여래불
약사여래불	약사여래불	약사여래불	약사여래불
약사여래불	약사여래불	약사여래불	약사여래불
약사여래불	약사여래불	약사여래불	약사여래불
약사여래불	약사여래불	약사여래불	약사여래불
약사여래불	약사여래불	약사여래불	약사여래불
약사여래불	약사여래불	약사여래불	약사여래불
약사여래불	약사여래불	약사여래불	약사여래불

약사여래불 약사여래불 약사여래불 약사여래불
약사여래불 약사여래불 약사여래불 약사여래불
약사여래불 약사여래불 약사여래불 약사여래불
약사여래불 약사여래불 약사여래불 약사여래불
약사여래불 약사여래불 약사여래불 약사여래불
약사여래불 약사여래불 약사여래불 약사여래불
약사여래불 약사여래불 약사여래불 약사여래불
약사여래불 약사여래불 약사여래불 약사여래불
약사여래불 약사여래불 약사여래불 약사여래불
약사여래불 약사여래불 약사여래불 약사여래불
약사여래불 약사여래불 약사여래불 약사여래불
약사여래불 약사여래불 약사여래불 약사여래불
약사여래불 약사여래불 약사여래불 약사여래불
십이대원접군기 일편비심무공결 범부전도병근심
불우약사죄난멸 원멸 사생육도 법계유정
다겁생래제업장 아금참회계수례 원제죄장실소제
세세상행보살도 세세상행보살도 세세상행보살도

나무 동방만월세계 십이상원 약사유리광여래불

약사여래불	약사여래불	약사여래불	약사여래불
약사여래불	약사여래불	약사여래불	약사여래불
약사여래불	약사여래불	약사여래불	약사여래불
약사여래불	약사여래불	약사여래불	약사여래불
약사여래불	약사여래불	약사여래불	약사여래불
약사여래불	약사여래불	약사여래불	약사여래불
약사여래불	약사여래불	약사여래불	약사여래불
약사여래불	약사여래불	약사여래불	약사여래불
약사여래불	약사여래불	약사여래불	약사여래불
약사여래불	약사여래불	약사여래불	약사여래불
약사여래불	약사여래불	약사여래불	약사여래불
약사여래불	약사여래불	약사여래불	약사여래불
약사여래불	약사여래불	약사여래불	약사여래불
약사여래불	약사여래불	약사여래불	약사여래불

약사여래불 약사여래불 약사여래불 약사여래불
약사여래불 약사여래불 약사여래불 약사여래불
약사여래불 약사여래불 약사여래불 약사여래불
약사여래불 약사여래불 약사여래불 약사여래불
약사여래불 약사여래불 약사여래불 약사여래불
약사여래불 약사여래불 약사여래불 약사여래불
약사여래불 약사여래불 약사여래불 약사여래불
약사여래불 약사여래불 약사여래불 약사여래불
약사여래불 약사여래불 약사여래불 약사여래불
약사여래불 약사여래불 약사여래불 약사여래불
약사여래불 약사여래불 약사여래불 약사여래불
약사여래불 약사여래불 약사여래불 약사여래불
약사여래불 약사여래불 약사여래불 약사여래불

십이대원접군기   일편비심무공결   범부전도병근심
불우약사죄난멸   원멸 사생육도   법계유정
다겁생래제업장   아금참회계수례   원제죄장실소제
세세상행보살도   세세상행보살도   세세상행보살도

나무 동방만월세계 십이상원 약사유리광여래불

약사여래불	약사여래불	약사여래불	약사여래불
약사여래불	약사여래불	약사여래불	약사여래불
약사여래불	약사여래불	약사여래불	약사여래불
약사여래불	약사여래불	약사여래불	약사여래불
약사여래불	약사여래불	약사여래불	약사여래불
약사여래불	약사여래불	약사여래불	약사여래불
약사여래불	약사여래불	약사여래불	약사여래불
약사여래불	약사여래불	약사여래불	약사여래불
약사여래불	약사여래불	약사여래불	약사여래불
약사여래불	약사여래불	약사여래불	약사여래불
약사여래불	약사여래불	약사여래불	약사여래불
약사여래불	약사여래불	약사여래불	약사여래불
약사여래불	약사여래불	약사여래불	약사여래불
약사여래불	약사여래불	약사여래불	약사여래불

약사여래불　약사여래불　약사여래불　약사여래불
약사여래불　약사여래불　약사여래불　약사여래불
약사여래불　약사여래불　약사여래불　약사여래불
약사여래불　약사여래불　약사여래불　약사여래불
약사여래불　약사여래불　약사여래불　약사여래불
약사여래불　약사여래불　약사여래불　약사여래불
약사여래불　약사여래불　약사여래불　약사여래불
약사여래불　약사여래불　약사여래불　약사여래불
약사여래불　약사여래불　약사여래불　약사여래불
약사여래불　약사여래불　약사여래불　약사여래불
약사여래불　약사여래불　약사여래불　약사여래불
약사여래불　약사여래불　약사여래불　약사여래불
약사여래불　약사여래불　약사여래불　약사여래불
십이대원접군기　일편비심무공결　범부전도병근심
불우약사죄난멸　원멸　사생육도　법계유정
다겁생래제업장　아금참회계수례　원제죄장실소제
세세상행보살도　세세상행보살도　세세상행보살도

행복이 성취되는 **약사여래불 명호사경기도**   일째

나무 동방만월세계 십이상원 약사유리광여래불

약사여래불	약사여래불	약사여래불	약사여래불
약사여래불	약사여래불	약사여래불	약사여래불
약사여래불	약사여래불	약사여래불	약사여래불
약사여래불	약사여래불	약사여래불	약사여래불
약사여래불	약사여래불	약사여래불	약사여래불
약사여래불	약사여래불	약사여래불	약사여래불
약사여래불	약사여래불	약사여래불	약사여래불
약사여래불	약사여래불	약사여래불	약사여래불
약사여래불	약사여래불	약사여래불	약사여래불
약사여래불	약사여래불	약사여래불	약사여래불
약사여래불	약사여래불	약사여래불	약사여래불
약사여래불	약사여래불	약사여래불	약사여래불
약사여래불	약사여래불	약사여래불	약사여래불
약사여래불	약사여래불	약사여래불	약사여래불

약사여래불 약사여래불 약사여래불 약사여래불
약사여래불 약사여래불 약사여래불 약사여래불
약사여래불 약사여래불 약사여래불 약사여래불
약사여래불 약사여래불 약사여래불 약사여래불
약사여래불 약사여래불 약사여래불 약사여래불
약사여래불 약사여래불 약사여래불 약사여래불
약사여래불 약사여래불 약사여래불 약사여래불
약사여래불 약사여래불 약사여래불 약사여래불
약사여래불 약사여래불 약사여래불 약사여래불
약사여래불 약사여래불 약사여래불 약사여래불
약사여래불 약사여래불 약사여래불 약사여래불
약사여래불 약사여래불 약사여래불 약사여래불
약사여래불 약사여래불 약사여래불 약사여래불
십이대원접군기 일편비심무공결 범부전도병근심
불우약사죄난멸 원멸 사생육도 법계유정
다겁생래제업장 아금참회계수례 원제죄장실소제
세세상행보살도 세세상행보살도 세세상행보살도

나무 동방만월세계 십이상원 약사유리광여래불

약사여래불	약사여래불	약사여래불	약사여래불
약사여래불	약사여래불	약사여래불	약사여래불
약사여래불	약사여래불	약사여래불	약사여래불
약사여래불	약사여래불	약사여래불	약사여래불
약사여래불	약사여래불	약사여래불	약사여래불
약사여래불	약사여래불	약사여래불	약사여래불
약사여래불	약사여래불	약사여래불	약사여래불
약사여래불	약사여래불	약사여래불	약사여래불
약사여래불	약사여래불	약사여래불	약사여래불
약사여래불	약사여래불	약사여래불	약사여래불
약사여래불	약사여래불	약사여래불	약사여래불
약사여래불	약사여래불	약사여래불	약사여래불
약사여래불	약사여래불	약사여래불	약사여래불
약사여래불	약사여래불	약사여래불	약사여래불

약사여래불 약사여래불 약사여래불 약사여래불
약사여래불 약사여래불 약사여래불 약사여래불
약사여래불 약사여래불 약사여래불 약사여래불
약사여래불 약사여래불 약사여래불 약사여래불
약사여래불 약사여래불 약사여래불 약사여래불
약사여래불 약사여래불 약사여래불 약사여래불
약사여래불 약사여래불 약사여래불 약사여래불
약사여래불 약사여래불 약사여래불 약사여래불
약사여래불 약사여래불 약사여래불 약사여래불
약사여래불 약사여래불 약사여래불 약사여래불
약사여래불 약사여래불 약사여래불 약사여래불
약사여래불 약사여래불 약사여래불 약사여래불
약사여래불 약사여래불 약사여래불 약사여래불

십이대원접군기 일편비심무공결 범부전도병근심
불우약사죄난멸 원멸 사생육도 법계유정
다겁생래제업장 아금참회계수례 원제죄장실소제
세세상행보살도 세세상행보살도 세세상행보살도

나무 동방만월세계 십이상원 약사유리광여래불

약사여래불	약사여래불	약사여래불	약사여래불
약사여래불	약사여래불	약사여래불	약사여래불
약사여래불	약사여래불	약사여래불	약사여래불
약사여래불	약사여래불	약사여래불	약사여래불
약사여래불	약사여래불	약사여래불	약사여래불
약사여래불	약사여래불	약사여래불	약사여래불
약사여래불	약사여래불	약사여래불	약사여래불
약사여래불	약사여래불	약사여래불	약사여래불
약사여래불	약사여래불	약사여래불	약사여래불
약사여래불	약사여래불	약사여래불	약사여래불
약사여래불	약사여래불	약사여래불	약사여래불
약사여래불	약사여래불	약사여래불	약사여래불
약사여래불	약사여래불	약사여래불	약사여래불
약사여래불	약사여래불	약사여래불	약사여래불

약사여래불 약사여래불 약사여래불 약사여래불
약사여래불 약사여래불 약사여래불 약사여래불
약사여래불 약사여래불 약사여래불 약사여래불
약사여래불 약사여래불 약사여래불 약사여래불
약사여래불 약사여래불 약사여래불 약사여래불
약사여래불 약사여래불 약사여래불 약사여래불
약사여래불 약사여래불 약사여래불 약사여래불
약사여래불 약사여래불 약사여래불 약사여래불
약사여래불 약사여래불 약사여래불 약사여래불
약사여래불 약사여래불 약사여래불 약사여래불
약사여래불 약사여래불 약사여래불 약사여래불
약사여래불 약사여래불 약사여래불 약사여래불
약사여래불 약사여래불 약사여래불 약사여래불
십이대원접군기　일편비심무공결　범부전도병근심
불우약사죄난멸　원멸 사생육도　법계유정
다겁생래제업장　아금참회계수례　원제죄장실소제
세세상행보살도　세세상행보살도　세세상행보살도

나무 동방만월세계 십이상원 약사유리광여래불

약사여래불	약사여래불	약사여래불	약사여래불
약사여래불	약사여래불	약사여래불	약사여래불
약사여래불	약사여래불	약사여래불	약사여래불
약사여래불	약사여래불	약사여래불	약사여래불
약사여래불	약사여래불	약사여래불	약사여래불
약사여래불	약사여래불	약사여래불	약사여래불
약사여래불	약사여래불	약사여래불	약사여래불
약사여래불	약사여래불	약사여래불	약사여래불
약사여래불	약사여래불	약사여래불	약사여래불
약사여래불	약사여래불	약사여래불	약사여래불
약사여래불	약사여래불	약사여래불	약사여래불
약사여래불	약사여래불	약사여래불	약사여래불
약사여래불	약사여래불	약사여래불	약사여래불
약사여래불	약사여래불	약사여래불	약사여래불

약사여래불 약사여래불 약사여래불 약사여래불
약사여래불 약사여래불 약사여래불 약사여래불
약사여래불 약사여래불 약사여래불 약사여래불
약사여래불 약사여래불 약사여래불 약사여래불
약사여래불 약사여래불 약사여래불 약사여래불
약사여래불 약사여래불 약사여래불 약사여래불
약사여래불 약사여래불 약사여래불 약사여래불
약사여래불 약사여래불 약사여래불 약사여래불
약사여래불 약사여래불 약사여래불 약사여래불
약사여래불 약사여래불 약사여래불 약사여래불
약사여래불 약사여래불 약사여래불 약사여래불
약사여래불 약사여래불 약사여래불 약사여래불
약사여래불 약사여래불 약사여래불 약사여래불

십이대원접군기 일편비심무공결 범부전도병근심
불우약사죄난멸 원멸 사생육도 법계유정
다겁생래제업장 아금참회계수례 원제죄장실소제
세세상행보살도 세세상행보살도 세세상행보살도

나무 동방만월세계 십이상원 약사유리광여래불

약사여래불	약사여래불	약사여래불	약사여래불
약사여래불	약사여래불	약사여래불	약사여래불
약사여래불	약사여래불	약사여래불	약사여래불
약사여래불	약사여래불	약사여래불	약사여래불
약사여래불	약사여래불	약사여래불	약사여래불
약사여래불	약사여래불	약사여래불	약사여래불
약사여래불	약사여래불	약사여래불	약사여래불
약사여래불	약사여래불	약사여래불	약사여래불
약사여래불	약사여래불	약사여래불	약사여래불
약사여래불	약사여래불	약사여래불	약사여래불
약사여래불	약사여래불	약사여래불	약사여래불
약사여래불	약사여래불	약사여래불	약사여래불
약사여래불	약사여래불	약사여래불	약사여래불
약사여래불	약사여래불	약사여래불	약사여래불

약사여래불 　 약사여래불 　 약사여래불 　 약사여래불
약사여래불 　 약사여래불 　 약사여래불 　 약사여래불
약사여래불 　 약사여래불 　 약사여래불 　 약사여래불
약사여래불 　 약사여래불 　 약사여래불 　 약사여래불
약사여래불 　 약사여래불 　 약사여래불 　 약사여래불
약사여래불 　 약사여래불 　 약사여래불 　 약사여래불
약사여래불 　 약사여래불 　 약사여래불 　 약사여래불
약사여래불 　 약사여래불 　 약사여래불 　 약사여래불
약사여래불 　 약사여래불 　 약사여래불 　 약사여래불
약사여래불 　 약사여래불 　 약사여래불 　 약사여래불
약사여래불 　 약사여래불 　 약사여래불 　 약사여래불
약사여래불 　 약사여래불 　 약사여래불 　 약사여래불
약사여래불 　 약사여래불 　 약사여래불 　 약사여래불
십이대원접군기 　 일편비심무공결 　 범부전도병근심
불우약사죄난멸 　 원멸 사생육도 　 법계유정
다겁생래제업장 　 아금참회계수례 　 원제죄장실소제
세세상행보살도 　 세세상행보살도 　 세세상행보살도

나무 동방만월세계 십이상원 약사유리광여래불

약사여래불	약사여래불	약사여래불	약사여래불
약사여래불	약사여래불	약사여래불	약사여래불
약사여래불	약사여래불	약사여래불	약사여래불
약사여래불	약사여래불	약사여래불	약사여래불
약사여래불	약사여래불	약사여래불	약사여래불
약사여래불	약사여래불	약사여래불	약사여래불
약사여래불	약사여래불	약사여래불	약사여래불
약사여래불	약사여래불	약사여래불	약사여래불
약사여래불	약사여래불	약사여래불	약사여래불
약사여래불	약사여래불	약사여래불	약사여래불
약사여래불	약사여래불	약사여래불	약사여래불
약사여래불	약사여래불	약사여래불	약사여래불
약사여래불	약사여래불	약사여래불	약사여래불
약사여래불	약사여래불	약사여래불	약사여래불

약사여래불 약사여래불 약사여래불 약사여래불
약사여래불 약사여래불 약사여래불 약사여래불
약사여래불 약사여래불 약사여래불 약사여래불
약사여래불 약사여래불 약사여래불 약사여래불
약사여래불 약사여래불 약사여래불 약사여래불
약사여래불 약사여래불 약사여래불 약사여래불
약사여래불 약사여래불 약사여래불 약사여래불
약사여래불 약사여래불 약사여래불 약사여래불
약사여래불 약사여래불 약사여래불 약사여래불
약사여래불 약사여래불 약사여래불 약사여래불
약사여래불 약사여래불 약사여래불 약사여래불
약사여래불 약사여래불 약사여래불 약사여래불
약사여래불 약사여래불 약사여래불 약사여래불
십이대원접군기 일편비심무공결 범부전도병근심
불우약사죄난멸 원멸 사생육도 법계유정
다겁생래제업장 아금참회계수례 원제죄장실소제
세세상행보살도 세세상행보살도 세세상행보살도

행복이 성취되는 **약사여래불** 명호사경기도 _____ 일째

나무 동방만월세계 십이상원 약사유리광여래불

약사여래불	약사여래불	약사여래불	약사여래불
약사여래불	약사여래불	약사여래불	약사여래불
약사여래불	약사여래불	약사여래불	약사여래불
약사여래불	약사여래불	약사여래불	약사여래불
약사여래불	약사여래불	약사여래불	약사여래불
약사여래불	약사여래불	약사여래불	약사여래불
약사여래불	약사여래불	약사여래불	약사여래불
약사여래불	약사여래불	약사여래불	약사여래불
약사여래불	약사여래불	약사여래불	약사여래불
약사여래불	약사여래불	약사여래불	약사여래불
약사여래불	약사여래불	약사여래불	약사여래불
약사여래불	약사여래불	약사여래불	약사여래불
약사여래불	약사여래불	약사여래불	약사여래불
약사여래불	약사여래불	약사여래불	약사여래불

약사여래불　　약사여래불　　약사여래불　　약사여래불
약사여래불　　약사여래불　　약사여래불　　약사여래불
약사여래불　　약사여래불　　약사여래불　　약사여래불
약사여래불　　약사여래불　　약사여래불　　약사여래불
약사여래불　　약사여래불　　약사여래불　　약사여래불
약사여래불　　약사여래불　　약사여래불　　약사여래불
약사여래불　　약사여래불　　약사여래불　　약사여래불
약사여래불　　약사여래불　　약사여래불　　약사여래불
약사여래불　　약사여래불　　약사여래불　　약사여래불
약사여래불　　약사여래불　　약사여래불　　약사여래불
약사여래불　　약사여래불　　약사여래불　　약사여래불
약사여래불　　약사여래불　　약사여래불　　약사여래불
약사여래불　　약사여래불　　약사여래불　　약사여래불

십이대원접군기　　일편비심무공결　　범부전도병근심
불우약사죄난멸　　원멸 사생육도　　법계유정
다겁생래제업장　　아금참회계수례　　원제죄장실소제
세세상행보살도　　세세상행보살도　　세세상행보살도

나무 동방만월세계 십이상원 약사유리광여래불

약사여래불	약사여래불	약사여래불	약사여래불
약사여래불	약사여래불	약사여래불	약사여래불
약사여래불	약사여래불	약사여래불	약사여래불
약사여래불	약사여래불	약사여래불	약사여래불
약사여래불	약사여래불	약사여래불	약사여래불
약사여래불	약사여래불	약사여래불	약사여래불
약사여래불	약사여래불	약사여래불	약사여래불
약사여래불	약사여래불	약사여래불	약사여래불
약사여래불	약사여래불	약사여래불	약사여래불
약사여래불	약사여래불	약사여래불	약사여래불
약사여래불	약사여래불	약사여래불	약사여래불
약사여래불	약사여래불	약사여래불	약사여래불
약사여래불	약사여래불	약사여래불	약사여래불
약사여래불	약사여래불	약사여래불	약사여래불

약사여래불 약사여래불 약사여래불 약사여래불
약사여래불 약사여래불 약사여래불 약사여래불
약사여래불 약사여래불 약사여래불 약사여래불
약사여래불 약사여래불 약사여래불 약사여래불
약사여래불 약사여래불 약사여래불 약사여래불
약사여래불 약사여래불 약사여래불 약사여래불
약사여래불 약사여래불 약사여래불 약사여래불
약사여래불 약사여래불 약사여래불 약사여래불
약사여래불 약사여래불 약사여래불 약사여래불
약사여래불 약사여래불 약사여래불 약사여래불
약사여래불 약사여래불 약사여래불 약사여래불
약사여래불 약사여래불 약사여래불 약사여래불
약사여래불 약사여래불 약사여래불 약사여래불

십이대원접군기 일편비심무공결 범부전도병근심
불우약사죄난멸 원멸 사생육도 법계유정
다겁생래제업장 아금참회계수례 원제죄장실소제
세세상행보살도 세세상행보살도 세세상행보살도

행복이 성취되는 **약사여래불** 명호사경기도 _____ 일째

나무 동방만월세계 십이상원 약사유리광여래불

약사여래불	약사여래불	약사여래불	약사여래불
약사여래불	약사여래불	약사여래불	약사여래불
약사여래불	약사여래불	약사여래불	약사여래불
약사여래불	약사여래불	약사여래불	약사여래불
약사여래불	약사여래불	약사여래불	약사여래불
약사여래불	약사여래불	약사여래불	약사여래불
약사여래불	약사여래불	약사여래불	약사여래불
약사여래불	약사여래불	약사여래불	약사여래불
약사여래불	약사여래불	약사여래불	약사여래불
약사여래불	약사여래불	약사여래불	약사여래불
약사여래불	약사여래불	약사여래불	약사여래불
약사여래불	약사여래불	약사여래불	약사여래불
약사여래불	약사여래불	약사여래불	약사여래불
약사여래불	약사여래불	약사여래불	약사여래불

약사여래불　　약사여래불　　약사여래불　　약사여래불
약사여래불　　약사여래불　　약사여래불　　약사여래불
약사여래불　　약사여래불　　약사여래불　　약사여래불
약사여래불　　약사여래불　　약사여래불　　약사여래불
약사여래불　　약사여래불　　약사여래불　　약사여래불
약사여래불　　약사여래불　　약사여래불　　약사여래불
약사여래불　　약사여래불　　약사여래불　　약사여래불
약사여래불　　약사여래불　　약사여래불　　약사여래불
약사여래불　　약사여래불　　약사여래불　　약사여래불
약사여래불　　약사여래불　　약사여래불　　약사여래불
약사여래불　　약사여래불　　약사여래불　　약사여래불
약사여래불　　약사여래불　　약사여래불　　약사여래불
약사여래불　　약사여래불　　약사여래불　　약사여래불

십이대원접군기　　일편비심무공결　　범부전도병근심
불우약사죄난멸　　원멸 사생육도　　법계유정
다겁생래제업장　　아금참회계수례　　원제죄장실소제
세세상행보살도　　세세상행보살도　　세세상행보살도

행복이 성취되는 **약사여래불** 명호사경기도 _____ 일째

나무 동방만월세계 십이상원 약사유리광여래불

약사여래불	약사여래불	약사여래불	약사여래불
약사여래불	약사여래불	약사여래불	약사여래불
약사여래불	약사여래불	약사여래불	약사여래불
약사여래불	약사여래불	약사여래불	약사여래불
약사여래불	약사여래불	약사여래불	약사여래불
약사여래불	약사여래불	약사여래불	약사여래불
약사여래불	약사여래불	약사여래불	약사여래불
약사여래불	약사여래불	약사여래불	약사여래불
약사여래불	약사여래불	약사여래불	약사여래불
약사여래불	약사여래불	약사여래불	약사여래불
약사여래불	약사여래불	약사여래불	약사여래불
약사여래불	약사여래불	약사여래불	약사여래불
약사여래불	약사여래불	약사여래불	약사여래불
약사여래불	약사여래불	약사여래불	약사여래불

약사여래불 약사여래불 약사여래불 약사여래불
약사여래불 약사여래불 약사여래불 약사여래불
약사여래불 약사여래불 약사여래불 약사여래불
약사여래불 약사여래불 약사여래불 약사여래불
약사여래불 약사여래불 약사여래불 약사여래불
약사여래불 약사여래불 약사여래불 약사여래불
약사여래불 약사여래불 약사여래불 약사여래불
약사여래불 약사여래불 약사여래불 약사여래불
약사여래불 약사여래불 약사여래불 약사여래불
약사여래불 약사여래불 약사여래불 약사여래불
약사여래불 약사여래불 약사여래불 약사여래불
약사여래불 약사여래불 약사여래불 약사여래불
약사여래불 약사여래불 약사여래불 약사여래불

십이대원접군기 일편비심무공결 범부전도병근심
불우약사죄난멸 원멸 사생육도 법계유정
다겁생래제업장 아금참회계수례 원제죄장실소제
세세상행보살도 세세상행보살도 세세상행보살도

행복이 성취되는 **약사여래불 명호사경기도** _____일째

나무 동방만월세계 십이상원 약사유리광여래불

약사여래불	약사여래불	약사여래불	약사여래불
약사여래불	약사여래불	약사여래불	약사여래불
약사여래불	약사여래불	약사여래불	약사여래불
약사여래불	약사여래불	약사여래불	약사여래불
약사여래불	약사여래불	약사여래불	약사여래불
약사여래불	약사여래불	약사여래불	약사여래불
약사여래불	약사여래불	약사여래불	약사여래불
약사여래불	약사여래불	약사여래불	약사여래불
약사여래불	약사여래불	약사여래불	약사여래불
약사여래불	약사여래불	약사여래불	약사여래불
약사여래불	약사여래불	약사여래불	약사여래불
약사여래불	약사여래불	약사여래불	약사여래불
약사여래불	약사여래불	약사여래불	약사여래불
약사여래불	약사여래불	약사여래불	약사여래불

약사여래불 약사여래불 약사여래불 약사여래불
약사여래불 약사여래불 약사여래불 약사여래불
약사여래불 약사여래불 약사여래불 약사여래불
약사여래불 약사여래불 약사여래불 약사여래불
약사여래불 약사여래불 약사여래불 약사여래불
약사여래불 약사여래불 약사여래불 약사여래불
약사여래불 약사여래불 약사여래불 약사여래불
약사여래불 약사여래불 약사여래불 약사여래불
약사여래불 약사여래불 약사여래불 약사여래불
약사여래불 약사여래불 약사여래불 약사여래불
약사여래불 약사여래불 약사여래불 약사여래불
약사여래불 약사여래불 약사여래불 약사여래불
약사여래불 약사여래불 약사여래불 약사여래불

십이대원접군기 일편비심무공결 범부전도병근심
불우약사죄난멸 원멸 사생육도 법계유정
다겁생래제업장 아금참회계수례 원제죄장실소제
세세상행보살도 세세상행보살도 세세상행보살도

행복이 성취되는 **약사여래불 명호사경기도** ____일째

나무 동방만월세계 십이상원 약사유리광여래불

약사여래불	약사여래불	약사여래불	약사여래불
약사여래불	약사여래불	약사여래불	약사여래불
약사여래불	약사여래불	약사여래불	약사여래불
약사여래불	약사여래불	약사여래불	약사여래불
약사여래불	약사여래불	약사여래불	약사여래불
약사여래불	약사여래불	약사여래불	약사여래불
약사여래불	약사여래불	약사여래불	약사여래불
약사여래불	약사여래불	약사여래불	약사여래불
약사여래불	약사여래불	약사여래불	약사여래불
약사여래불	약사여래불	약사여래불	약사여래불
약사여래불	약사여래불	약사여래불	약사여래불
약사여래불	약사여래불	약사여래불	약사여래불
약사여래불	약사여래불	약사여래불	약사여래불
약사여래불	약사여래불	약사여래불	약사여래불

약사여래불 약사여래불 약사여래불 약사여래불
약사여래불 약사여래불 약사여래불 약사여래불
약사여래불 약사여래불 약사여래불 약사여래불
약사여래불 약사여래불 약사여래불 약사여래불
약사여래불 약사여래불 약사여래불 약사여래불
약사여래불 약사여래불 약사여래불 약사여래불
약사여래불 약사여래불 약사여래불 약사여래불
약사여래불 약사여래불 약사여래불 약사여래불
약사여래불 약사여래불 약사여래불 약사여래불
약사여래불 약사여래불 약사여래불 약사여래불
약사여래불 약사여래불 약사여래불 약사여래불
약사여래불 약사여래불 약사여래불 약사여래불
약사여래불 약사여래불 약사여래불 약사여래불

십이대원접군기 일편비심무공결 범부전도병근심
불우약사죄난멸 원멸 사생육도 법계유정
다겁생래제업장 아금참회계수례 원제죄장실소제
세세상행보살도 세세상행보살도 세세상행보살도

행복이 성취되는 **약사여래불 명호사경기도** _____ 일째

나무 동방만월세계 십이상원 약사유리광여래불

약사여래불	약사여래불	약사여래불	약사여래불
약사여래불	약사여래불	약사여래불	약사여래불
약사여래불	약사여래불	약사여래불	약사여래불
약사여래불	약사여래불	약사여래불	약사여래불
약사여래불	약사여래불	약사여래불	약사여래불
약사여래불	약사여래불	약사여래불	약사여래불
약사여래불	약사여래불	약사여래불	약사여래불
약사여래불	약사여래불	약사여래불	약사여래불
약사여래불	약사여래불	약사여래불	약사여래불
약사여래불	약사여래불	약사여래불	약사여래불
약사여래불	약사여래불	약사여래불	약사여래불
약사여래불	약사여래불	약사여래불	약사여래불
약사여래불	약사여래불	약사여래불	약사여래불
약사여래불	약사여래불	약사여래불	약사여래불

약사여래불 약사여래불 약사여래불 약사여래불
약사여래불 약사여래불 약사여래불 약사여래불
약사여래불 약사여래불 약사여래불 약사여래불
약사여래불 약사여래불 약사여래불 약사여래불
약사여래불 약사여래불 약사여래불 약사여래불
약사여래불 약사여래불 약사여래불 약사여래불
약사여래불 약사여래불 약사여래불 약사여래불
약사여래불 약사여래불 약사여래불 약사여래불
약사여래불 약사여래불 약사여래불 약사여래불
약사여래불 약사여래불 약사여래불 약사여래불
약사여래불 약사여래불 약사여래불 약사여래불
약사여래불 약사여래불 약사여래불 약사여래불
약사여래불 약사여래불 약사여래불 약사여래불

십이대원접군기 일편비심무공결 범부전도병근심
불우약사죄난멸 원멸 사생육도 법계유정
다겁생래제업장 아금참회계수례 원제죄장실소제
세세상행보살도 세세상행보살도 세세상행보살도

나무 동방만월세계 십이상원 약사유리광여래불

약사여래불　약사여래불　약사여래불　약사여래불
약사여래불　약사여래불　약사여래불　약사여래불
약사여래불　약사여래불　약사여래불　약사여래불
약사여래불　약사여래불　약사여래불　약사여래불
약사여래불　약사여래불　약사여래불　약사여래불
약사여래불　약사여래불　약사여래불　약사여래불
약사여래불　약사여래불　약사여래불　약사여래불
약사여래불　약사여래불　약사여래불　약사여래불
약사여래불　약사여래불　약사여래불　약사여래불
약사여래불　약사여래불　약사여래불　약사여래불
약사여래불　약사여래불　약사여래불　약사여래불
약사여래불　약사여래불　약사여래불　약사여래불
약사여래불　약사여래불　약사여래불　약사여래불
약사여래불　약사여래불　약사여래불　약사여래불

약사여래불   약사여래불   약사여래불   약사여래불
약사여래불   약사여래불   약사여래불   약사여래불
약사여래불   약사여래불   약사여래불   약사여래불
약사여래불   약사여래불   약사여래불   약사여래불
약사여래불   약사여래불   약사여래불   약사여래불
약사여래불   약사여래불   약사여래불   약사여래불
약사여래불   약사여래불   약사여래불   약사여래불
약사여래불   약사여래불   약사여래불   약사여래불
약사여래불   약사여래불   약사여래불   약사여래불
약사여래불   약사여래불   약사여래불   약사여래불
약사여래불   약사여래불   약사여래불   약사여래불
약사여래불   약사여래불   약사여래불   약사여래불
약사여래불   약사여래불   약사여래불   약사여래불

십이대원접군기   일편비심무공결   범부전도병근심
불우약사죄난멸   원멸 사생육도   법계유정
다겁생래제업장   아금참회계수례   원제죄장실소제
세세상행보살도   세세상행보살도   세세상행보살도

행복이 성취되는 **약사여래불 명호사경기도** _____일째

나무 동방만월세계 십이상원 약사유리광여래불

약사여래불	약사여래불	약사여래불	약사여래불
약사여래불	약사여래불	약사여래불	약사여래불
약사여래불	약사여래불	약사여래불	약사여래불
약사여래불	약사여래불	약사여래불	약사여래불
약사여래불	약사여래불	약사여래불	약사여래불
약사여래불	약사여래불	약사여래불	약사여래불
약사여래불	약사여래불	약사여래불	약사여래불
약사여래불	약사여래불	약사여래불	약사여래불
약사여래불	약사여래불	약사여래불	약사여래불
약사여래불	약사여래불	약사여래불	약사여래불
약사여래불	약사여래불	약사여래불	약사여래불
약사여래불	약사여래불	약사여래불	약사여래불
약사여래불	약사여래불	약사여래불	약사여래불
약사여래불	약사여래불	약사여래불	약사여래불

약사여래불 약사여래불 약사여래불 약사여래불
약사여래불 약사여래불 약사여래불 약사여래불
약사여래불 약사여래불 약사여래불 약사여래불
약사여래불 약사여래불 약사여래불 약사여래불
약사여래불 약사여래불 약사여래불 약사여래불
약사여래불 약사여래불 약사여래불 약사여래불
약사여래불 약사여래불 약사여래불 약사여래불
약사여래불 약사여래불 약사여래불 약사여래불
약사여래불 약사여래불 약사여래불 약사여래불
약사여래불 약사여래불 약사여래불 약사여래불
약사여래불 약사여래불 약사여래불 약사여래불
약사여래불 약사여래불 약사여래불 약사여래불
약사여래불 약사여래불 약사여래불 약사여래불

십이대원접군기 일편비심무공결 범부전도병근심
불우약사죄난멸 원멸 사생육도 법계유정
다겁생래제업장 아금참회계수례 원제죄장실소제
세세상행보살도 세세상행보살도 세세상행보살도

나무 동방만월세계 십이상원 약사유리광여래불

약사여래불	약사여래불	약사여래불	약사여래불
약사여래불	약사여래불	약사여래불	약사여래불
약사여래불	약사여래불	약사여래불	약사여래불
약사여래불	약사여래불	약사여래불	약사여래불
약사여래불	약사여래불	약사여래불	약사여래불
약사여래불	약사여래불	약사여래불	약사여래불
약사여래불	약사여래불	약사여래불	약사여래불
약사여래불	약사여래불	약사여래불	약사여래불
약사여래불	약사여래불	약사여래불	약사여래불
약사여래불	약사여래불	약사여래불	약사여래불
약사여래불	약사여래불	약사여래불	약사여래불
약사여래불	약사여래불	약사여래불	약사여래불
약사여래불	약사여래불	약사여래불	약사여래불
약사여래불	약사여래불	약사여래불	약사여래불

약사여래불 약사여래불 약사여래불 약사여래불
약사여래불 약사여래불 약사여래불 약사여래불
약사여래불 약사여래불 약사여래불 약사여래불
약사여래불 약사여래불 약사여래불 약사여래불
약사여래불 약사여래불 약사여래불 약사여래불
약사여래불 약사여래불 약사여래불 약사여래불
약사여래불 약사여래불 약사여래불 약사여래불
약사여래불 약사여래불 약사여래불 약사여래불
약사여래불 약사여래불 약사여래불 약사여래불
약사여래불 약사여래불 약사여래불 약사여래불
약사여래불 약사여래불 약사여래불 약사여래불
약사여래불 약사여래불 약사여래불 약사여래불
약사여래불 약사여래불 약사여래불 약사여래불

십이대원접군기　　일편비심무공결　　범부전도병근심
불우약사죄난멸　　원멸 사생육도　　법계유정
다겁생래제업장　　아금참회계수례　　원제죄장실소제
세세상행보살도　　세세상행보살도　　세세상행보살도

나무 동방만월세계 십이상원 약사유리광여래불

약사여래불	약사여래불	약사여래불	약사여래불
약사여래불	약사여래불	약사여래불	약사여래불
약사여래불	약사여래불	약사여래불	약사여래불
약사여래불	약사여래불	약사여래불	약사여래불
약사여래불	약사여래불	약사여래불	약사여래불
약사여래불	약사여래불	약사여래불	약사여래불
약사여래불	약사여래불	약사여래불	약사여래불
약사여래불	약사여래불	약사여래불	약사여래불
약사여래불	약사여래불	약사여래불	약사여래불
약사여래불	약사여래불	약사여래불	약사여래불
약사여래불	약사여래불	약사여래불	약사여래불
약사여래불	약사여래불	약사여래불	약사여래불
약사여래불	약사여래불	약사여래불	약사여래불
약사여래불	약사여래불	약사여래불	약사여래불

약사여래불	약사여래불	약사여래불	약사여래불
약사여래불	약사여래불	약사여래불	약사여래불
약사여래불	약사여래불	약사여래불	약사여래불
약사여래불	약사여래불	약사여래불	약사여래불
약사여래불	약사여래불	약사여래불	약사여래불
약사여래불	약사여래불	약사여래불	약사여래불
약사여래불	약사여래불	약사여래불	약사여래불
약사여래불	약사여래불	약사여래불	약사여래불
약사여래불	약사여래불	약사여래불	약사여래불
약사여래불	약사여래불	약사여래불	약사여래불
약사여래불	약사여래불	약사여래불	약사여래불
약사여래불	약사여래불	약사여래불	약사여래불
약사여래불	약사여래불	약사여래불	약사여래불

십이대원접군기　일편비심무공결　범부전도병근심
불우약사죄난멸　원멸　사생육도　법계유정
다겁생래제업장　아금참회계수례　원제죄장실소제
세세상행보살도　세세상행보살도　세세상행보살도

나무 동방만월세계 십이상원 약사유리광여래불

약사여래불	약사여래불	약사여래불	약사여래불
약사여래불	약사여래불	약사여래불	약사여래불
약사여래불	약사여래불	약사여래불	약사여래불
약사여래불	약사여래불	약사여래불	약사여래불
약사여래불	약사여래불	약사여래불	약사여래불
약사여래불	약사여래불	약사여래불	약사여래불
약사여래불	약사여래불	약사여래불	약사여래불
약사여래불	약사여래불	약사여래불	약사여래불
약사여래불	약사여래불	약사여래불	약사여래불
약사여래불	약사여래불	약사여래불	약사여래불
약사여래불	약사여래불	약사여래불	약사여래불
약사여래불	약사여래불	약사여래불	약사여래불
약사여래불	약사여래불	약사여래불	약사여래불
약사여래불	약사여래불	약사여래불	약사여래불

약사여래불 약사여래불 약사여래불 약사여래불
약사여래불 약사여래불 약사여래불 약사여래불
약사여래불 약사여래불 약사여래불 약사여래불
약사여래불 약사여래불 약사여래불 약사여래불
약사여래불 약사여래불 약사여래불 약사여래불
약사여래불 약사여래불 약사여래불 약사여래불
약사여래불 약사여래불 약사여래불 약사여래불
약사여래불 약사여래불 약사여래불 약사여래불
약사여래불 약사여래불 약사여래불 약사여래불
약사여래불 약사여래불 약사여래불 약사여래불
약사여래불 약사여래불 약사여래불 약사여래불
약사여래불 약사여래불 약사여래불 약사여래불
약사여래불 약사여래불 약사여래불 약사여래불
십이대원접군기 일편비심무공결 범부전도병근심
불우약사죄난멸 원멸 사생육도 법계유정
다겁생래제업장 아금참회계수례 원제죄장실소제
세세상행보살도 세세상행보살도 세세상행보살도

나무 동방만월세계 십이상원 약사유리광여래불

약사여래불	약사여래불	약사여래불	약사여래불
약사여래불	약사여래불	약사여래불	약사여래불
약사여래불	약사여래불	약사여래불	약사여래불
약사여래불	약사여래불	약사여래불	약사여래불
약사여래불	약사여래불	약사여래불	약사여래불
약사여래불	약사여래불	약사여래불	약사여래불
약사여래불	약사여래불	약사여래불	약사여래불
약사여래불	약사여래불	약사여래불	약사여래불
약사여래불	약사여래불	약사여래불	약사여래불
약사여래불	약사여래불	약사여래불	약사여래불
약사여래불	약사여래불	약사여래불	약사여래불
약사여래불	약사여래불	약사여래불	약사여래불
약사여래불	약사여래불	약사여래불	약사여래불
약사여래불	약사여래불	약사여래불	약사여래불

약사여래불 약사여래불 약사여래불 약사여래불
약사여래불 약사여래불 약사여래불 약사여래불
약사여래불 약사여래불 약사여래불 약사여래불
약사여래불 약사여래불 약사여래불 약사여래불
약사여래불 약사여래불 약사여래불 약사여래불
약사여래불 약사여래불 약사여래불 약사여래불
약사여래불 약사여래불 약사여래불 약사여래불
약사여래불 약사여래불 약사여래불 약사여래불
약사여래불 약사여래불 약사여래불 약사여래불
약사여래불 약사여래불 약사여래불 약사여래불
약사여래불 약사여래불 약사여래불 약사여래불
약사여래불 약사여래불 약사여래불 약사여래불
약사여래불 약사여래불 약사여래불 약사여래불

십이대원접군기 일편비심무공결 범부전도병근심
불우약사죄난멸 원멸 사생육도 법계유정
다겁생래제업장 아금참회계수례 원제죄장실소제
세세상행보살도 세세상행보살도 세세상행보살도

나무 동방만월세계 십이상원 약사유리광여래불

약사여래불	약사여래불	약사여래불	약사여래불
약사여래불	약사여래불	약사여래불	약사여래불
약사여래불	약사여래불	약사여래불	약사여래불
약사여래불	약사여래불	약사여래불	약사여래불
약사여래불	약사여래불	약사여래불	약사여래불
약사여래불	약사여래불	약사여래불	약사여래불
약사여래불	약사여래불	약사여래불	약사여래불
약사여래불	약사여래불	약사여래불	약사여래불
약사여래불	약사여래불	약사여래불	약사여래불
약사여래불	약사여래불	약사여래불	약사여래불
약사여래불	약사여래불	약사여래불	약사여래불
약사여래불	약사여래불	약사여래불	약사여래불
약사여래불	약사여래불	약사여래불	약사여래불
약사여래불	약사여래불	약사여래불	약사여래불

약사여래불 약사여래불 약사여래불 약사여래불
약사여래불 약사여래불 약사여래불 약사여래불
약사여래불 약사여래불 약사여래불 약사여래불
약사여래불 약사여래불 약사여래불 약사여래불
약사여래불 약사여래불 약사여래불 약사여래불
약사여래불 약사여래불 약사여래불 약사여래불
약사여래불 약사여래불 약사여래불 약사여래불
약사여래불 약사여래불 약사여래불 약사여래불
약사여래불 약사여래불 약사여래불 약사여래불
약사여래불 약사여래불 약사여래불 약사여래불
약사여래불 약사여래불 약사여래불 약사여래불
약사여래불 약사여래불 약사여래불 약사여래불
약사여래불 약사여래불 약사여래불 약사여래불

십이대원접군기 일편비심무공결 범부전도병근심
불우약사죄난멸 원멸 사생육도 법계유정
다겁생래제업장 아금참회계수례 원제죄장실소제
세세상행보살도 세세상행보살도 세세상행보살도

행복이 성취되는 **약사여래불 명호사경기도** _____ 일째

나무 동방만월세계 십이상원 약사유리광여래불

약사여래불	약사여래불	약사여래불	약사여래불
약사여래불	약사여래불	약사여래불	약사여래불
약사여래불	약사여래불	약사여래불	약사여래불
약사여래불	약사여래불	약사여래불	약사여래불
약사여래불	약사여래불	약사여래불	약사여래불
약사여래불	약사여래불	약사여래불	약사여래불
약사여래불	약사여래불	약사여래불	약사여래불
약사여래불	약사여래불	약사여래불	약사여래불
약사여래불	약사여래불	약사여래불	약사여래불
약사여래불	약사여래불	약사여래불	약사여래불
약사여래불	약사여래불	약사여래불	약사여래불
약사여래불	약사여래불	약사여래불	약사여래불
약사여래불	약사여래불	약사여래불	약사여래불
약사여래불	약사여래불	약사여래불	약사여래불

약사여래불　　약사여래불　　약사여래불　　약사여래불
약사여래불　　약사여래불　　약사여래불　　약사여래불
약사여래불　　약사여래불　　약사여래불　　약사여래불
약사여래불　　약사여래불　　약사여래불　　약사여래불
약사여래불　　약사여래불　　약사여래불　　약사여래불
약사여래불　　약사여래불　　약사여래불　　약사여래불
약사여래불　　약사여래불　　약사여래불　　약사여래불
약사여래불　　약사여래불　　약사여래불　　약사여래불
약사여래불　　약사여래불　　약사여래불　　약사여래불
약사여래불　　약사여래불　　약사여래불　　약사여래불
약사여래불　　약사여래불　　약사여래불　　약사여래불
약사여래불　　약사여래불　　약사여래불　　약사여래불
약사여래불　　약사여래불　　약사여래불　　약사여래불

십이대원접군기　　일편비심무공결　　범부전도병근심
불우약사죄난멸　　원멸 사생육도　　법계유정
다겁생래제업장　　아금참회계수례　　원제죄장실소제
세세상행보살도　　세세상행보살도　　세세상행보살도

나무 동방만월세계 십이상원 약사유리광여래불

약사여래불	약사여래불	약사여래불	약사여래불
약사여래불	약사여래불	약사여래불	약사여래불
약사여래불	약사여래불	약사여래불	약사여래불
약사여래불	약사여래불	약사여래불	약사여래불
약사여래불	약사여래불	약사여래불	약사여래불
약사여래불	약사여래불	약사여래불	약사여래불
약사여래불	약사여래불	약사여래불	약사여래불
약사여래불	약사여래불	약사여래불	약사여래불
약사여래불	약사여래불	약사여래불	약사여래불
약사여래불	약사여래불	약사여래불	약사여래불
약사여래불	약사여래불	약사여래불	약사여래불
약사여래불	약사여래불	약사여래불	약사여래불
약사여래불	약사여래불	약사여래불	약사여래불
약사여래불	약사여래불	약사여래불	약사여래불

약사여래불	약사여래불	약사여래불	약사여래불
약사여래불	약사여래불	약사여래불	약사여래불
약사여래불	약사여래불	약사여래불	약사여래불
약사여래불	약사여래불	약사여래불	약사여래불
약사여래불	약사여래불	약사여래불	약사여래불
약사여래불	약사여래불	약사여래불	약사여래불
약사여래불	약사여래불	약사여래불	약사여래불
약사여래불	약사여래불	약사여래불	약사여래불
약사여래불	약사여래불	약사여래불	약사여래불
약사여래불	약사여래불	약사여래불	약사여래불
약사여래불	약사여래불	약사여래불	약사여래불
약사여래불	약사여래불	약사여래불	약사여래불
약사여래불	약사여래불	약사여래불	약사여래불

십이대원접군기 　 일편비심무공결 　 범부전도병근심
불우약사죄난멸 　 원멸 사생육도 　 법계유정
다겁생래제업장 　 아금참회계수례 　 원제죄장실소제
세세상행보살도 　 세세상행보살도 　 세세상행보살도

행복이 성취되는 **약사여래불 명호사경기도** _____ 일째

나무 동방만월세계 십이상원 약사유리광여래불

약사여래불	약사여래불	약사여래불	약사여래불
약사여래불	약사여래불	약사여래불	약사여래불
약사여래불	약사여래불	약사여래불	약사여래불
약사여래불	약사여래불	약사여래불	약사여래불
약사여래불	약사여래불	약사여래불	약사여래불
약사여래불	약사여래불	약사여래불	약사여래불
약사여래불	약사여래불	약사여래불	약사여래불
약사여래불	약사여래불	약사여래불	약사여래불
약사여래불	약사여래불	약사여래불	약사여래불
약사여래불	약사여래불	약사여래불	약사여래불
약사여래불	약사여래불	약사여래불	약사여래불
약사여래불	약사여래불	약사여래불	약사여래불
약사여래불	약사여래불	약사여래불	약사여래불
약사여래불	약사여래불	약사여래불	약사여래불

약사여래불 약사여래불 약사여래불 약사여래불
약사여래불 약사여래불 약사여래불 약사여래불
약사여래불 약사여래불 약사여래불 약사여래불
약사여래불 약사여래불 약사여래불 약사여래불
약사여래불 약사여래불 약사여래불 약사여래불
약사여래불 약사여래불 약사여래불 약사여래불
약사여래불 약사여래불 약사여래불 약사여래불
약사여래불 약사여래불 약사여래불 약사여래불
약사여래불 약사여래불 약사여래불 약사여래불
약사여래불 약사여래불 약사여래불 약사여래불
약사여래불 약사여래불 약사여래불 약사여래불
약사여래불 약사여래불 약사여래불 약사여래불
약사여래불 약사여래불 약사여래불 약사여래불

십이대원접군기 일편비심무공결 범부전도병근심
불우약사죄난멸 원멸 사생육도 법계유정
다겁생래제업장 아금참회계수례 원제죄장실소제
세세상행보살도 세세상행보살도 세세상행보살도

나무 동방만월세계 십이상원 약사유리광여래불

약사여래불	약사여래불	약사여래불	약사여래불
약사여래불	약사여래불	약사여래불	약사여래불
약사여래불	약사여래불	약사여래불	약사여래불
약사여래불	약사여래불	약사여래불	약사여래불
약사여래불	약사여래불	약사여래불	약사여래불
약사여래불	약사여래불	약사여래불	약사여래불
약사여래불	약사여래불	약사여래불	약사여래불
약사여래불	약사여래불	약사여래불	약사여래불
약사여래불	약사여래불	약사여래불	약사여래불
약사여래불	약사여래불	약사여래불	약사여래불
약사여래불	약사여래불	약사여래불	약사여래불
약사여래불	약사여래불	약사여래불	약사여래불
약사여래불	약사여래불	약사여래불	약사여래불
약사여래불	약사여래불	약사여래불	약사여래불

약사여래불	약사여래불	약사여래불	약사여래불
약사여래불	약사여래불	약사여래불	약사여래불
약사여래불	약사여래불	약사여래불	약사여래불
약사여래불	약사여래불	약사여래불	약사여래불
약사여래불	약사여래불	약사여래불	약사여래불
약사여래불	약사여래불	약사여래불	약사여래불
약사여래불	약사여래불	약사여래불	약사여래불
약사여래불	약사여래불	약사여래불	약사여래불
약사여래불	약사여래불	약사여래불	약사여래불
약사여래불	약사여래불	약사여래불	약사여래불
약사여래불	약사여래불	약사여래불	약사여래불
약사여래불	약사여래불	약사여래불	약사여래불
약사여래불	약사여래불	약사여래불	약사여래불

십이대원접군기　일편비심무공결　범부전도병근심
불우약사죄난멸　원멸 사생육도　법계유정
다겁생래제업장　아금참회계수례　원제죄장실소제
세세상행보살도　세세상행보살도　세세상행보살도

나무 동방만월세계 십이상원 약사유리광여래불

약사여래불	약사여래불	약사여래불	약사여래불
약사여래불	약사여래불	약사여래불	약사여래불
약사여래불	약사여래불	약사여래불	약사여래불
약사여래불	약사여래불	약사여래불	약사여래불
약사여래불	약사여래불	약사여래불	약사여래불
약사여래불	약사여래불	약사여래불	약사여래불
약사여래불	약사여래불	약사여래불	약사여래불
약사여래불	약사여래불	약사여래불	약사여래불
약사여래불	약사여래불	약사여래불	약사여래불
약사여래불	약사여래불	약사여래불	약사여래불
약사여래불	약사여래불	약사여래불	약사여래불
약사여래불	약사여래불	약사여래불	약사여래불
약사여래불	약사여래불	약사여래불	약사여래불
약사여래불	약사여래불	약사여래불	약사여래불

약사여래불　　약사여래불　　약사여래불　　약사여래불
약사여래불　　약사여래불　　약사여래불　　약사여래불
약사여래불　　약사여래불　　약사여래불　　약사여래불
약사여래불　　약사여래불　　약사여래불　　약사여래불
약사여래불　　약사여래불　　약사여래불　　약사여래불
약사여래불　　약사여래불　　약사여래불　　약사여래불
약사여래불　　약사여래불　　약사여래불　　약사여래불
약사여래불　　약사여래불　　약사여래불　　약사여래불
약사여래불　　약사여래불　　약사여래불　　약사여래불
약사여래불　　약사여래불　　약사여래불　　약사여래불
약사여래불　　약사여래불　　약사여래불　　약사여래불
약사여래불　　약사여래불　　약사여래불　　약사여래불
약사여래불　　약사여래불　　약사여래불　　약사여래불

십이대원접군기　　일편비심무공결　　범부전도병근심
불우약사죄난멸　　원멸　사생육도　　법계유정
다겁생래제업장　　아금참회계수례　　원제죄장실소제
세세상행보살도　　세세상행보살도　　세세상행보살도

나무 동방만월세계 십이상원 약사유리광여래불

약사여래불	약사여래불	약사여래불	약사여래불
약사여래불	약사여래불	약사여래불	약사여래불
약사여래불	약사여래불	약사여래불	약사여래불
약사여래불	약사여래불	약사여래불	약사여래불
약사여래불	약사여래불	약사여래불	약사여래불
약사여래불	약사여래불	약사여래불	약사여래불
약사여래불	약사여래불	약사여래불	약사여래불
약사여래불	약사여래불	약사여래불	약사여래불
약사여래불	약사여래불	약사여래불	약사여래불
약사여래불	약사여래불	약사여래불	약사여래불
약사여래불	약사여래불	약사여래불	약사여래불
약사여래불	약사여래불	약사여래불	약사여래불
약사여래불	약사여래불	약사여래불	약사여래불
약사여래불	약사여래불	약사여래불	약사여래불

약사여래불 약사여래불 약사여래불 약사여래불
약사여래불 약사여래불 약사여래불 약사여래불
약사여래불 약사여래불 약사여래불 약사여래불
약사여래불 약사여래불 약사여래불 약사여래불
약사여래불 약사여래불 약사여래불 약사여래불
약사여래불 약사여래불 약사여래불 약사여래불
약사여래불 약사여래불 약사여래불 약사여래불
약사여래불 약사여래불 약사여래불 약사여래불
약사여래불 약사여래불 약사여래불 약사여래불
약사여래불 약사여래불 약사여래불 약사여래불
약사여래불 약사여래불 약사여래불 약사여래불
약사여래불 약사여래불 약사여래불 약사여래불
약사여래불 약사여래불 약사여래불 약사여래불

십이대원접군기 일편비심무공결 범부전도병근심
불우약사죄난멸 원멸 사생육도 법계유정
다겁생래제업장 아금참회계수례 원제죄장실소제
세세상행보살도 세세상행보살도 세세상행보살도

행복이 성취되는 **약사여래불 명호사경기도** _____일째

나무 동방만월세계 십이상원 약사유리광여래불

약사여래불	약사여래불	약사여래불	약사여래불
약사여래불	약사여래불	약사여래불	약사여래불
약사여래불	약사여래불	약사여래불	약사여래불
약사여래불	약사여래불	약사여래불	약사여래불
약사여래불	약사여래불	약사여래불	약사여래불
약사여래불	약사여래불	약사여래불	약사여래불
약사여래불	약사여래불	약사여래불	약사여래불
약사여래불	약사여래불	약사여래불	약사여래불
약사여래불	약사여래불	약사여래불	약사여래불
약사여래불	약사여래불	약사여래불	약사여래불
약사여래불	약사여래불	약사여래불	약사여래불
약사여래불	약사여래불	약사여래불	약사여래불
약사여래불	약사여래불	약사여래불	약사여래불
약사여래불	약사여래불	약사여래불	약사여래불

약사여래불 약사여래불 약사여래불 약사여래불
약사여래불 약사여래불 약사여래불 약사여래불
약사여래불 약사여래불 약사여래불 약사여래불
약사여래불 약사여래불 약사여래불 약사여래불
약사여래불 약사여래불 약사여래불 약사여래불
약사여래불 약사여래불 약사여래불 약사여래불
약사여래불 약사여래불 약사여래불 약사여래불
약사여래불 약사여래불 약사여래불 약사여래불
약사여래불 약사여래불 약사여래불 약사여래불
약사여래불 약사여래불 약사여래불 약사여래불
약사여래불 약사여래불 약사여래불 약사여래불
약사여래불 약사여래불 약사여래불 약사여래불
약사여래불 약사여래불 약사여래불 약사여래불
십이대원접군기 일편비심무공결 범부전도병근심
불우약사죄난멸 원멸 사생육도 법계유정
다겁생래제업장 아금참회계수례 원제죄장실소제
세세상행보살도 세세상행보살도 세세상행보살도

행복이 성취되는 **약사여래불 명호사경기도** _____ 일째

나무 동방만월세계 십이상원 약사유리광여래불

약사여래불	약사여래불	약사여래불	약사여래불
약사여래불	약사여래불	약사여래불	약사여래불
약사여래불	약사여래불	약사여래불	약사여래불
약사여래불	약사여래불	약사여래불	약사여래불
약사여래불	약사여래불	약사여래불	약사여래불
약사여래불	약사여래불	약사여래불	약사여래불
약사여래불	약사여래불	약사여래불	약사여래불
약사여래불	약사여래불	약사여래불	약사여래불
약사여래불	약사여래불	약사여래불	약사여래불
약사여래불	약사여래불	약사여래불	약사여래불
약사여래불	약사여래불	약사여래불	약사여래불
약사여래불	약사여래불	약사여래불	약사여래불
약사여래불	약사여래불	약사여래불	약사여래불
약사여래불	약사여래불	약사여래불	약사여래불

약사여래불	약사여래불	약사여래불	약사여래불
약사여래불	약사여래불	약사여래불	약사여래불
약사여래불	약사여래불	약사여래불	약사여래불
약사여래불	약사여래불	약사여래불	약사여래불
약사여래불	약사여래불	약사여래불	약사여래불
약사여래불	약사여래불	약사여래불	약사여래불
약사여래불	약사여래불	약사여래불	약사여래불
약사여래불	약사여래불	약사여래불	약사여래불
약사여래불	약사여래불	약사여래불	약사여래불
약사여래불	약사여래불	약사여래불	약사여래불
약사여래불	약사여래불	약사여래불	약사여래불
약사여래불	약사여래불	약사여래불	약사여래불
약사여래불	약사여래불	약사여래불	약사여래불

십이대원접군기　일편비심무공결　범부전도병근심
불우약사죄난멸　원멸 사생육도　법계유정
다겁생래제업장　아금참회계수례　원제죄장실소제
세세상행보살도　세세상행보살도　세세상행보살도

나무 동방만월세계 십이상원 약사유리광여래불

약사여래불	약사여래불	약사여래불	약사여래불
약사여래불	약사여래불	약사여래불	약사여래불
약사여래불	약사여래불	약사여래불	약사여래불
약사여래불	약사여래불	약사여래불	약사여래불
약사여래불	약사여래불	약사여래불	약사여래불
약사여래불	약사여래불	약사여래불	약사여래불
약사여래불	약사여래불	약사여래불	약사여래불
약사여래불	약사여래불	약사여래불	약사여래불
약사여래불	약사여래불	약사여래불	약사여래불
약사여래불	약사여래불	약사여래불	약사여래불
약사여래불	약사여래불	약사여래불	약사여래불
약사여래불	약사여래불	약사여래불	약사여래불
약사여래불	약사여래불	약사여래불	약사여래불
약사여래불	약사여래불	약사여래불	약사여래불

약사여래불 약사여래불 약사여래불 약사여래불
약사여래불 약사여래불 약사여래불 약사여래불
약사여래불 약사여래불 약사여래불 약사여래불
약사여래불 약사여래불 약사여래불 약사여래불
약사여래불 약사여래불 약사여래불 약사여래불
약사여래불 약사여래불 약사여래불 약사여래불
약사여래불 약사여래불 약사여래불 약사여래불
약사여래불 약사여래불 약사여래불 약사여래불
약사여래불 약사여래불 약사여래불 약사여래불
약사여래불 약사여래불 약사여래불 약사여래불
약사여래불 약사여래불 약사여래불 약사여래불
약사여래불 약사여래불 약사여래불 약사여래불
약사여래불 약사여래불 약사여래불 약사여래불

십이대원접군기 일편비심무공결 범부전도병근심
불우약사죄난멸 원멸 사생육도 법계유정
다겁생래제업장 아금참회계수례 원제죄장실소제
세세상행보살도 세세상행보살도 세세상행보살도

나무 동방만월세계 십이상원 약사유리광여래불

약사여래불	약사여래불	약사여래불	약사여래불
약사여래불	약사여래불	약사여래불	약사여래불
약사여래불	약사여래불	약사여래불	약사여래불
약사여래불	약사여래불	약사여래불	약사여래불
약사여래불	약사여래불	약사여래불	약사여래불
약사여래불	약사여래불	약사여래불	약사여래불
약사여래불	약사여래불	약사여래불	약사여래불
약사여래불	약사여래불	약사여래불	약사여래불
약사여래불	약사여래불	약사여래불	약사여래불
약사여래불	약사여래불	약사여래불	약사여래불
약사여래불	약사여래불	약사여래불	약사여래불
약사여래불	약사여래불	약사여래불	약사여래불
약사여래불	약사여래불	약사여래불	약사여래불
약사여래불	약사여래불	약사여래불	약사여래불

약사여래불 약사여래불 약사여래불 약사여래불
약사여래불 약사여래불 약사여래불 약사여래불
약사여래불 약사여래불 약사여래불 약사여래불
약사여래불 약사여래불 약사여래불 약사여래불
약사여래불 약사여래불 약사여래불 약사여래불
약사여래불 약사여래불 약사여래불 약사여래불
약사여래불 약사여래불 약사여래불 약사여래불
약사여래불 약사여래불 약사여래불 약사여래불
약사여래불 약사여래불 약사여래불 약사여래불
약사여래불 약사여래불 약사여래불 약사여래불
약사여래불 약사여래불 약사여래불 약사여래불
약사여래불 약사여래불 약사여래불 약사여래불
약사여래불 약사여래불 약사여래불 약사여래불

십이대원접군기 일편비심무공결 범부전도병근심
불우약사죄난멸 원멸 사생육도 법계유정
다겁생래제업장 아금참회계수례 원제죄장실소제
세세상행보살도 세세상행보살도 세세상행보살도

나무 동방만월세계 십이상원 약사유리광여래불

약사여래불	약사여래불	약사여래불	약사여래불
약사여래불	약사여래불	약사여래불	약사여래불
약사여래불	약사여래불	약사여래불	약사여래불
약사여래불	약사여래불	약사여래불	약사여래불
약사여래불	약사여래불	약사여래불	약사여래불
약사여래불	약사여래불	약사여래불	약사여래불
약사여래불	약사여래불	약사여래불	약사여래불
약사여래불	약사여래불	약사여래불	약사여래불
약사여래불	약사여래불	약사여래불	약사여래불
약사여래불	약사여래불	약사여래불	약사여래불
약사여래불	약사여래불	약사여래불	약사여래불
약사여래불	약사여래불	약사여래불	약사여래불
약사여래불	약사여래불	약사여래불	약사여래불
약사여래불	약사여래불	약사여래불	약사여래불

약사여래불 약사여래불 약사여래불 약사여래불
약사여래불 약사여래불 약사여래불 약사여래불
약사여래불 약사여래불 약사여래불 약사여래불
약사여래불 약사여래불 약사여래불 약사여래불
약사여래불 약사여래불 약사여래불 약사여래불
약사여래불 약사여래불 약사여래불 약사여래불
약사여래불 약사여래불 약사여래불 약사여래불
약사여래불 약사여래불 약사여래불 약사여래불
약사여래불 약사여래불 약사여래불 약사여래불
약사여래불 약사여래불 약사여래불 약사여래불
약사여래불 약사여래불 약사여래불 약사여래불
약사여래불 약사여래불 약사여래불 약사여래불
약사여래불 약사여래불 약사여래불 약사여래불

십이대원접군기 일편비심무공결 범부전도병근심
불우약사죄난멸 원멸 사생육도 법계유정
다겁생래제업장 아금참회계수례 원제죄장실소제
세세상행보살도 세세상행보살도 세세상행보살도

나무 동방만월세계 십이상원 약사유리광여래불

약사여래불	약사여래불	약사여래불	약사여래불
약사여래불	약사여래불	약사여래불	약사여래불
약사여래불	약사여래불	약사여래불	약사여래불
약사여래불	약사여래불	약사여래불	약사여래불
약사여래불	약사여래불	약사여래불	약사여래불
약사여래불	약사여래불	약사여래불	약사여래불
약사여래불	약사여래불	약사여래불	약사여래불
약사여래불	약사여래불	약사여래불	약사여래불
약사여래불	약사여래불	약사여래불	약사여래불
약사여래불	약사여래불	약사여래불	약사여래불
약사여래불	약사여래불	약사여래불	약사여래불
약사여래불	약사여래불	약사여래불	약사여래불
약사여래불	약사여래불	약사여래불	약사여래불
약사여래불	약사여래불	약사여래불	약사여래불

약사여래불	약사여래불	약사여래불	약사여래불
약사여래불	약사여래불	약사여래불	약사여래불
약사여래불	약사여래불	약사여래불	약사여래불
약사여래불	약사여래불	약사여래불	약사여래불
약사여래불	약사여래불	약사여래불	약사여래불
약사여래불	약사여래불	약사여래불	약사여래불
약사여래불	약사여래불	약사여래불	약사여래불
약사여래불	약사여래불	약사여래불	약사여래불
약사여래불	약사여래불	약사여래불	약사여래불
약사여래불	약사여래불	약사여래불	약사여래불
약사여래불	약사여래불	약사여래불	약사여래불
약사여래불	약사여래불	약사여래불	약사여래불
약사여래불	약사여래불	약사여래불	약사여래불

십이대원접군기　일편비심무공결　범부전도병근심
불우약사죄난멸　원멸　사생육도　법계유정
다겁생래제업장　아금참회계수례　원제죄장실소제
세세상행보살도　세세상행보살도　세세상행보살도

행복이 성취되는 **약사여래불 명호사경기도** _____ 일째

나무 동방만월세계 십이상원 약사유리광여래불

약사여래불	약사여래불	약사여래불	약사여래불
약사여래불	약사여래불	약사여래불	약사여래불
약사여래불	약사여래불	약사여래불	약사여래불
약사여래불	약사여래불	약사여래불	약사여래불
약사여래불	약사여래불	약사여래불	약사여래불
약사여래불	약사여래불	약사여래불	약사여래불
약사여래불	약사여래불	약사여래불	약사여래불
약사여래불	약사여래불	약사여래불	약사여래불
약사여래불	약사여래불	약사여래불	약사여래불
약사여래불	약사여래불	약사여래불	약사여래불
약사여래불	약사여래불	약사여래불	약사여래불
약사여래불	약사여래불	약사여래불	약사여래불
약사여래불	약사여래불	약사여래불	약사여래불
약사여래불	약사여래불	약사여래불	약사여래불

약사여래불	약사여래불	약사여래불	약사여래불
약사여래불	약사여래불	약사여래불	약사여래불
약사여래불	약사여래불	약사여래불	약사여래불
약사여래불	약사여래불	약사여래불	약사여래불
약사여래불	약사여래불	약사여래불	약사여래불
약사여래불	약사여래불	약사여래불	약사여래불
약사여래불	약사여래불	약사여래불	약사여래불
약사여래불	약사여래불	약사여래불	약사여래불
약사여래불	약사여래불	약사여래불	약사여래불
약사여래불	약사여래불	약사여래불	약사여래불
약사여래불	약사여래불	약사여래불	약사여래불
약사여래불	약사여래불	약사여래불	약사여래불
약사여래불	약사여래불	약사여래불	약사여래불

십이대원접군기　일편비심무공결　범부전도병근심
불우약사죄난멸　원멸 사생육도　법계유정
다겁생래제업장　아금참회계수례　원제죄장실소제
세세상행보살도　세세상행보살도　세세상행보살도

행복이 성취되는 **약사여래불 명호사경기도** _____ 일째

나무 동방만월세계 십이상원 약사유리광여래불

약사여래불	약사여래불	약사여래불	약사여래불
약사여래불	약사여래불	약사여래불	약사여래불
약사여래불	약사여래불	약사여래불	약사여래불
약사여래불	약사여래불	약사여래불	약사여래불
약사여래불	약사여래불	약사여래불	약사여래불
약사여래불	약사여래불	약사여래불	약사여래불
약사여래불	약사여래불	약사여래불	약사여래불
약사여래불	약사여래불	약사여래불	약사여래불
약사여래불	약사여래불	약사여래불	약사여래불
약사여래불	약사여래불	약사여래불	약사여래불
약사여래불	약사여래불	약사여래불	약사여래불
약사여래불	약사여래불	약사여래불	약사여래불
약사여래불	약사여래불	약사여래불	약사여래불
약사여래불	약사여래불	약사여래불	약사여래불

약사여래불 약사여래불 약사여래불 약사여래불
약사여래불 약사여래불 약사여래불 약사여래불
약사여래불 약사여래불 약사여래불 약사여래불
약사여래불 약사여래불 약사여래불 약사여래불
약사여래불 약사여래불 약사여래불 약사여래불
약사여래불 약사여래불 약사여래불 약사여래불
약사여래불 약사여래불 약사여래불 약사여래불
약사여래불 약사여래불 약사여래불 약사여래불
약사여래불 약사여래불 약사여래불 약사여래불
약사여래불 약사여래불 약사여래불 약사여래불
약사여래불 약사여래불 약사여래불 약사여래불
약사여래불 약사여래불 약사여래불 약사여래불
약사여래불 약사여래불 약사여래불 약사여래불

십이대원접군기 일편비심무공결 범부전도병근심
불우약사죄난멸 원멸 사생육도 법계유정
다겁생래제업장 아금참회계수례 원제죄장실소제
세세상행보살도 세세상행보살도 세세상행보살도

나무 동방만월세계 십이상원 약사유리광여래불

약사여래불	약사여래불	약사여래불	약사여래불
약사여래불	약사여래불	약사여래불	약사여래불
약사여래불	약사여래불	약사여래불	약사여래불
약사여래불	약사여래불	약사여래불	약사여래불
약사여래불	약사여래불	약사여래불	약사여래불
약사여래불	약사여래불	약사여래불	약사여래불
약사여래불	약사여래불	약사여래불	약사여래불
약사여래불	약사여래불	약사여래불	약사여래불
약사여래불	약사여래불	약사여래불	약사여래불
약사여래불	약사여래불	약사여래불	약사여래불
약사여래불	약사여래불	약사여래불	약사여래불
약사여래불	약사여래불	약사여래불	약사여래불
약사여래불	약사여래불	약사여래불	약사여래불
약사여래불	약사여래불	약사여래불	약사여래불

약사여래불 약사여래불 약사여래불 약사여래불
약사여래불 약사여래불 약사여래불 약사여래불
약사여래불 약사여래불 약사여래불 약사여래불
약사여래불 약사여래불 약사여래불 약사여래불
약사여래불 약사여래불 약사여래불 약사여래불
약사여래불 약사여래불 약사여래불 약사여래불
약사여래불 약사여래불 약사여래불 약사여래불
약사여래불 약사여래불 약사여래불 약사여래불
약사여래불 약사여래불 약사여래불 약사여래불
약사여래불 약사여래불 약사여래불 약사여래불
약사여래불 약사여래불 약사여래불 약사여래불
약사여래불 약사여래불 약사여래불 약사여래불
약사여래불 약사여래불 약사여래불 약사여래불

십이대원접군기 일편비심무공결 범부전도병근심
불우약사죄난멸 원멸 사생육도 법계유정
다겁생래제업장 아금참회계수례 원제죄장실소제
세세상행보살도 세세상행보살도 세세상행보살도

행복이 성취되는 **약사여래불** 명호사경기도 　　일째

나무 동방만월세계 십이상원 약사유리광여래불

약사여래불	약사여래불	약사여래불	약사여래불
약사여래불	약사여래불	약사여래불	약사여래불
약사여래불	약사여래불	약사여래불	약사여래불
약사여래불	약사여래불	약사여래불	약사여래불
약사여래불	약사여래불	약사여래불	약사여래불
약사여래불	약사여래불	약사여래불	약사여래불
약사여래불	약사여래불	약사여래불	약사여래불
약사여래불	약사여래불	약사여래불	약사여래불
약사여래불	약사여래불	약사여래불	약사여래불
약사여래불	약사여래불	약사여래불	약사여래불
약사여래불	약사여래불	약사여래불	약사여래불
약사여래불	약사여래불	약사여래불	약사여래불
약사여래불	약사여래불	약사여래불	약사여래불
약사여래불	약사여래불	약사여래불	약사여래불

약사여래불 약사여래불 약사여래불 약사여래불
약사여래불 약사여래불 약사여래불 약사여래불
약사여래불 약사여래불 약사여래불 약사여래불
약사여래불 약사여래불 약사여래불 약사여래불
약사여래불 약사여래불 약사여래불 약사여래불
약사여래불 약사여래불 약사여래불 약사여래불
약사여래불 약사여래불 약사여래불 약사여래불
약사여래불 약사여래불 약사여래불 약사여래불
약사여래불 약사여래불 약사여래불 약사여래불
약사여래불 약사여래불 약사여래불 약사여래불
약사여래불 약사여래불 약사여래불 약사여래불
약사여래불 약사여래불 약사여래불 약사여래불
약사여래불 약사여래불 약사여래불 약사여래불

십이대원접군기 일편비심무공결 범부전도병근심
불우약사죄난멸 원멸 사생육도 법계유정
다겁생래제업장 아금참회계수례 원제죄장실소제
세세상행보살도 세세상행보살도 세세상행보살도

나무 동방만월세계 십이상원 약사유리광여래불

약사여래불	약사여래불	약사여래불	약사여래불
약사여래불	약사여래불	약사여래불	약사여래불
약사여래불	약사여래불	약사여래불	약사여래불
약사여래불	약사여래불	약사여래불	약사여래불
약사여래불	약사여래불	약사여래불	약사여래불
약사여래불	약사여래불	약사여래불	약사여래불
약사여래불	약사여래불	약사여래불	약사여래불
약사여래불	약사여래불	약사여래불	약사여래불
약사여래불	약사여래불	약사여래불	약사여래불
약사여래불	약사여래불	약사여래불	약사여래불
약사여래불	약사여래불	약사여래불	약사여래불
약사여래불	약사여래불	약사여래불	약사여래불
약사여래불	약사여래불	약사여래불	약사여래불
약사여래불	약사여래불	약사여래불	약사여래불

약사여래불 약사여래불 약사여래불 약사여래불
약사여래불 약사여래불 약사여래불 약사여래불
약사여래불 약사여래불 약사여래불 약사여래불
약사여래불 약사여래불 약사여래불 약사여래불
약사여래불 약사여래불 약사여래불 약사여래불
약사여래불 약사여래불 약사여래불 약사여래불
약사여래불 약사여래불 약사여래불 약사여래불
약사여래불 약사여래불 약사여래불 약사여래불
약사여래불 약사여래불 약사여래불 약사여래불
약사여래불 약사여래불 약사여래불 약사여래불
약사여래불 약사여래불 약사여래불 약사여래불
약사여래불 약사여래불 약사여래불 약사여래불
약사여래불 약사여래불 약사여래불 약사여래불

십이대원접군기 일편비심무공결 범부전도병근심
불우약사죄난멸 원멸 사생육도 법계유정
다겁생래제업장 아금참회계수례 원제죄장실소제
세세상행보살도 세세상행보살도 세세상행보살도

행복이 성취되는 **약사여래불 명호사경기도** _____ 일째

나무 동방만월세계 십이상원 약사유리광여래불

약사여래불	약사여래불	약사여래불	약사여래불
약사여래불	약사여래불	약사여래불	약사여래불
약사여래불	약사여래불	약사여래불	약사여래불
약사여래불	약사여래불	약사여래불	약사여래불
약사여래불	약사여래불	약사여래불	약사여래불
약사여래불	약사여래불	약사여래불	약사여래불
약사여래불	약사여래불	약사여래불	약사여래불
약사여래불	약사여래불	약사여래불	약사여래불
약사여래불	약사여래불	약사여래불	약사여래불
약사여래불	약사여래불	약사여래불	약사여래불
약사여래불	약사여래불	약사여래불	약사여래불
약사여래불	약사여래불	약사여래불	약사여래불
약사여래불	약사여래불	약사여래불	약사여래불
약사여래불	약사여래불	약사여래불	약사여래불

약사여래불   약사여래불   약사여래불   약사여래불
약사여래불   약사여래불   약사여래불   약사여래불
약사여래불   약사여래불   약사여래불   약사여래불
약사여래불   약사여래불   약사여래불   약사여래불
약사여래불   약사여래불   약사여래불   약사여래불
약사여래불   약사여래불   약사여래불   약사여래불
약사여래불   약사여래불   약사여래불   약사여래불
약사여래불   약사여래불   약사여래불   약사여래불
약사여래불   약사여래불   약사여래불   약사여래불
약사여래불   약사여래불   약사여래불   약사여래불
약사여래불   약사여래불   약사여래불   약사여래불
약사여래불   약사여래불   약사여래불   약사여래불
약사여래불   약사여래불   약사여래불   약사여래불

십이대원접군기   일편비심무공결   범부전도병근심
불우약사죄난멸   원멸 사생육도   법계유정
다겁생래제업장   아금참회계수례   원제죄장실소제
세세상행보살도   세세상행보살도   세세상행보살도

나무 동방만월세계 십이상원 약사유리광여래불

약사여래불	약사여래불	약사여래불	약사여래불
약사여래불	약사여래불	약사여래불	약사여래불
약사여래불	약사여래불	약사여래불	약사여래불
약사여래불	약사여래불	약사여래불	약사여래불
약사여래불	약사여래불	약사여래불	약사여래불
약사여래불	약사여래불	약사여래불	약사여래불
약사여래불	약사여래불	약사여래불	약사여래불
약사여래불	약사여래불	약사여래불	약사여래불
약사여래불	약사여래불	약사여래불	약사여래불
약사여래불	약사여래불	약사여래불	약사여래불
약사여래불	약사여래불	약사여래불	약사여래불
약사여래불	약사여래불	약사여래불	약사여래불
약사여래불	약사여래불	약사여래불	약사여래불
약사여래불	약사여래불	약사여래불	약사여래불

약사여래불 약사여래불 약사여래불 약사여래불
약사여래불 약사여래불 약사여래불 약사여래불
약사여래불 약사여래불 약사여래불 약사여래불
약사여래불 약사여래불 약사여래불 약사여래불
약사여래불 약사여래불 약사여래불 약사여래불
약사여래불 약사여래불 약사여래불 약사여래불
약사여래불 약사여래불 약사여래불 약사여래불
약사여래불 약사여래불 약사여래불 약사여래불
약사여래불 약사여래불 약사여래불 약사여래불
약사여래불 약사여래불 약사여래불 약사여래불
약사여래불 약사여래불 약사여래불 약사여래불
약사여래불 약사여래불 약사여래불 약사여래불
약사여래불 약사여래불 약사여래불 약사여래불

십이대원접군기 일편비심무공결 범부전도병근심
불우약사죄난멸 원멸 사생육도 법계유정
다겁생래제업장 아금참회계수례 원제죄장실소제
세세상행보살도 세세상행보살도 세세상행보살도

행복이 성취되는 **약사여래불 명호사경기도** _____ 일째

나무 동방만월세계 십이상원 약사유리광여래불

약사여래불	약사여래불	약사여래불	약사여래불
약사여래불	약사여래불	약사여래불	약사여래불
약사여래불	약사여래불	약사여래불	약사여래불
약사여래불	약사여래불	약사여래불	약사여래불
약사여래불	약사여래불	약사여래불	약사여래불
약사여래불	약사여래불	약사여래불	약사여래불
약사여래불	약사여래불	약사여래불	약사여래불
약사여래불	약사여래불	약사여래불	약사여래불
약사여래불	약사여래불	약사여래불	약사여래불
약사여래불	약사여래불	약사여래불	약사여래불
약사여래불	약사여래불	약사여래불	약사여래불
약사여래불	약사여래불	약사여래불	약사여래불
약사여래불	약사여래불	약사여래불	약사여래불
약사여래불	약사여래불	약사여래불	약사여래불

약사여래불 약사여래불 약사여래불 약사여래불
약사여래불 약사여래불 약사여래불 약사여래불
약사여래불 약사여래불 약사여래불 약사여래불
약사여래불 약사여래불 약사여래불 약사여래불
약사여래불 약사여래불 약사여래불 약사여래불
약사여래불 약사여래불 약사여래불 약사여래불
약사여래불 약사여래불 약사여래불 약사여래불
약사여래불 약사여래불 약사여래불 약사여래불
약사여래불 약사여래불 약사여래불 약사여래불
약사여래불 약사여래불 약사여래불 약사여래불
약사여래불 약사여래불 약사여래불 약사여래불
약사여래불 약사여래불 약사여래불 약사여래불
약사여래불 약사여래불 약사여래불 약사여래불
십이대원접군기 일편비심무공결 범부전도병근심
불우약사죄난멸 원멸 사생육도 법계유정
다겁생래제업장 아금참회계수례 원제죄장실소제
세세상행보살도 세세상행보살도 세세상행보살도

나무 동방만월세계 십이상원 약사유리광여래불

약사여래불	약사여래불	약사여래불	약사여래불
약사여래불	약사여래불	약사여래불	약사여래불
약사여래불	약사여래불	약사여래불	약사여래불
약사여래불	약사여래불	약사여래불	약사여래불
약사여래불	약사여래불	약사여래불	약사여래불
약사여래불	약사여래불	약사여래불	약사여래불
약사여래불	약사여래불	약사여래불	약사여래불
약사여래불	약사여래불	약사여래불	약사여래불
약사여래불	약사여래불	약사여래불	약사여래불
약사여래불	약사여래불	약사여래불	약사여래불
약사여래불	약사여래불	약사여래불	약사여래불
약사여래불	약사여래불	약사여래불	약사여래불
약사여래불	약사여래불	약사여래불	약사여래불
약사여래불	약사여래불	약사여래불	약사여래불

약사여래불   약사여래불   약사여래불   약사여래불
약사여래불   약사여래불   약사여래불   약사여래불
약사여래불   약사여래불   약사여래불   약사여래불
약사여래불   약사여래불   약사여래불   약사여래불
약사여래불   약사여래불   약사여래불   약사여래불
약사여래불   약사여래불   약사여래불   약사여래불
약사여래불   약사여래불   약사여래불   약사여래불
약사여래불   약사여래불   약사여래불   약사여래불
약사여래불   약사여래불   약사여래불   약사여래불
약사여래불   약사여래불   약사여래불   약사여래불
약사여래불   약사여래불   약사여래불   약사여래불
약사여래불   약사여래불   약사여래불   약사여래불
약사여래불   약사여래불   약사여래불   약사여래불
십이대원접군기   일편비심무공결   범부전도병근심
불우약사죄난멸   원멸 사생육도   법계유정
다겁생래제업장   아금참회계수례   원제죄장실소제
세세상행보살도   세세상행보살도   세세상행보살도

행복이 성취되는 **약사여래불 명호사경기도** _____ 일째

나무 동방만월세계 십이상원 약사유리광여래불

약사여래불	약사여래불	약사여래불	약사여래불
약사여래불	약사여래불	약사여래불	약사여래불
약사여래불	약사여래불	약사여래불	약사여래불
약사여래불	약사여래불	약사여래불	약사여래불
약사여래불	약사여래불	약사여래불	약사여래불
약사여래불	약사여래불	약사여래불	약사여래불
약사여래불	약사여래불	약사여래불	약사여래불
약사여래불	약사여래불	약사여래불	약사여래불
약사여래불	약사여래불	약사여래불	약사여래불
약사여래불	약사여래불	약사여래불	약사여래불
약사여래불	약사여래불	약사여래불	약사여래불
약사여래불	약사여래불	약사여래불	약사여래불
약사여래불	약사여래불	약사여래불	약사여래불
약사여래불	약사여래불	약사여래불	약사여래불

약사여래불 약사여래불 약사여래불 약사여래불
약사여래불 약사여래불 약사여래불 약사여래불
약사여래불 약사여래불 약사여래불 약사여래불
약사여래불 약사여래불 약사여래불 약사여래불
약사여래불 약사여래불 약사여래불 약사여래불
약사여래불 약사여래불 약사여래불 약사여래불
약사여래불 약사여래불 약사여래불 약사여래불
약사여래불 약사여래불 약사여래불 약사여래불
약사여래불 약사여래불 약사여래불 약사여래불
약사여래불 약사여래불 약사여래불 약사여래불
약사여래불 약사여래불 약사여래불 약사여래불
약사여래불 약사여래불 약사여래불 약사여래불
약사여래불 약사여래불 약사여래불 약사여래불

십이대원접군기 일편비심무공결 범부전도병근심
불우약사죄난멸 원멸 사생육도 법계유정
다겁생래제업장 아금참회계수례 원제죄장실소제
세세상행보살도 세세상행보살도 세세상행보살도

나무 동방만월세계 십이상원 약사유리광여래불

약사여래불	약사여래불	약사여래불	약사여래불
약사여래불	약사여래불	약사여래불	약사여래불
약사여래불	약사여래불	약사여래불	약사여래불
약사여래불	약사여래불	약사여래불	약사여래불
약사여래불	약사여래불	약사여래불	약사여래불
약사여래불	약사여래불	약사여래불	약사여래불
약사여래불	약사여래불	약사여래불	약사여래불
약사여래불	약사여래불	약사여래불	약사여래불
약사여래불	약사여래불	약사여래불	약사여래불
약사여래불	약사여래불	약사여래불	약사여래불
약사여래불	약사여래불	약사여래불	약사여래불
약사여래불	약사여래불	약사여래불	약사여래불
약사여래불	약사여래불	약사여래불	약사여래불
약사여래불	약사여래불	약사여래불	약사여래불

약사여래불 약사여래불 약사여래불 약사여래불
약사여래불 약사여래불 약사여래불 약사여래불
약사여래불 약사여래불 약사여래불 약사여래불
약사여래불 약사여래불 약사여래불 약사여래불
약사여래불 약사여래불 약사여래불 약사여래불
약사여래불 약사여래불 약사여래불 약사여래불
약사여래불 약사여래불 약사여래불 약사여래불
약사여래불 약사여래불 약사여래불 약사여래불
약사여래불 약사여래불 약사여래불 약사여래불
약사여래불 약사여래불 약사여래불 약사여래불
약사여래불 약사여래불 약사여래불 약사여래불
약사여래불 약사여래불 약사여래불 약사여래불
약사여래불 약사여래불 약사여래불 약사여래불
십이대원접군기 일편비심무공결 범부전도병근심
불우약사죄난멸 원멸 사생육도 법계유정
다겁생래제업장 아금참회계수례 원제죄장실소제
세세상행보살도 세세상행보살도 세세상행보살도

나무 동방만월세계 십이상원 약사유리광여래불

약사여래불	약사여래불	약사여래불	약사여래불
약사여래불	약사여래불	약사여래불	약사여래불
약사여래불	약사여래불	약사여래불	약사여래불
약사여래불	약사여래불	약사여래불	약사여래불
약사여래불	약사여래불	약사여래불	약사여래불
약사여래불	약사여래불	약사여래불	약사여래불
약사여래불	약사여래불	약사여래불	약사여래불
약사여래불	약사여래불	약사여래불	약사여래불
약사여래불	약사여래불	약사여래불	약사여래불
약사여래불	약사여래불	약사여래불	약사여래불
약사여래불	약사여래불	약사여래불	약사여래불
약사여래불	약사여래불	약사여래불	약사여래불
약사여래불	약사여래불	약사여래불	약사여래불
약사여래불	약사여래불	약사여래불	약사여래불

약사여래불 약사여래불 약사여래불 약사여래불
약사여래불 약사여래불 약사여래불 약사여래불
약사여래불 약사여래불 약사여래불 약사여래불
약사여래불 약사여래불 약사여래불 약사여래불
약사여래불 약사여래불 약사여래불 약사여래불
약사여래불 약사여래불 약사여래불 약사여래불
약사여래불 약사여래불 약사여래불 약사여래불
약사여래불 약사여래불 약사여래불 약사여래불
약사여래불 약사여래불 약사여래불 약사여래불
약사여래불 약사여래불 약사여래불 약사여래불
약사여래불 약사여래불 약사여래불 약사여래불
약사여래불 약사여래불 약사여래불 약사여래불
약사여래불 약사여래불 약사여래불 약사여래불

십이대원접군기 　 일편비심무공결 　 범부전도병근심
불우약사죄난멸 　 원멸 사생육도 　 법계유정
다겁생래제업장 　 아금참회계수례 　 원제죄장실소제
세세상행보살도 　 세세상행보살도 　 세세상행보살도

나무 동방만월세계 십이상원 약사유리광여래불

약사여래불	약사여래불	약사여래불	약사여래불
약사여래불	약사여래불	약사여래불	약사여래불
약사여래불	약사여래불	약사여래불	약사여래불
약사여래불	약사여래불	약사여래불	약사여래불
약사여래불	약사여래불	약사여래불	약사여래불
약사여래불	약사여래불	약사여래불	약사여래불
약사여래불	약사여래불	약사여래불	약사여래불
약사여래불	약사여래불	약사여래불	약사여래불
약사여래불	약사여래불	약사여래불	약사여래불
약사여래불	약사여래불	약사여래불	약사여래불
약사여래불	약사여래불	약사여래불	약사여래불
약사여래불	약사여래불	약사여래불	약사여래불
약사여래불	약사여래불	약사여래불	약사여래불
약사여래불	약사여래불	약사여래불	약사여래불

약사여래불 약사여래불 약사여래불 약사여래불
약사여래불 약사여래불 약사여래불 약사여래불
약사여래불 약사여래불 약사여래불 약사여래불
약사여래불 약사여래불 약사여래불 약사여래불
약사여래불 약사여래불 약사여래불 약사여래불
약사여래불 약사여래불 약사여래불 약사여래불
약사여래불 약사여래불 약사여래불 약사여래불
약사여래불 약사여래불 약사여래불 약사여래불
약사여래불 약사여래불 약사여래불 약사여래불
약사여래불 약사여래불 약사여래불 약사여래불
약사여래불 약사여래불 약사여래불 약사여래불
약사여래불 약사여래불 약사여래불 약사여래불

십이대원접군기 　일편비심무공결 　범부전도병근심
불우약사죄난멸 　원멸 　사생육도 　법계유정
다겁생래제업장 　아금참회계수례 　원제죄장실소제
세세상행보살도 　세세상행보살도 　세세상행보살도

행복이 성취되는 **약사여래불** 명호사경기도 _____ 일째

나무 동방만월세계 십이상원 약사유리광여래불

약사여래불	약사여래불	약사여래불	약사여래불
약사여래불	약사여래불	약사여래불	약사여래불
약사여래불	약사여래불	약사여래불	약사여래불
약사여래불	약사여래불	약사여래불	약사여래불
약사여래불	약사여래불	약사여래불	약사여래불
약사여래불	약사여래불	약사여래불	약사여래불
약사여래불	약사여래불	약사여래불	약사여래불
약사여래불	약사여래불	약사여래불	약사여래불
약사여래불	약사여래불	약사여래불	약사여래불
약사여래불	약사여래불	약사여래불	약사여래불
약사여래불	약사여래불	약사여래불	약사여래불
약사여래불	약사여래불	약사여래불	약사여래불
약사여래불	약사여래불	약사여래불	약사여래불
약사여래불	약사여래불	약사여래불	약사여래불

약사여래불 약사여래불 약사여래불 약사여래불
약사여래불 약사여래불 약사여래불 약사여래불
약사여래불 약사여래불 약사여래불 약사여래불
약사여래불 약사여래불 약사여래불 약사여래불
약사여래불 약사여래불 약사여래불 약사여래불
약사여래불 약사여래불 약사여래불 약사여래불
약사여래불 약사여래불 약사여래불 약사여래불
약사여래불 약사여래불 약사여래불 약사여래불
약사여래불 약사여래불 약사여래불 약사여래불
약사여래불 약사여래불 약사여래불 약사여래불
약사여래불 약사여래불 약사여래불 약사여래불
약사여래불 약사여래불 약사여래불 약사여래불
약사여래불 약사여래불 약사여래불 약사여래불

십이대원접군기 일편비심무공결 범부전도병근심
불우약사죄난멸 원멸 사생육도 법계유정
다겁생래제업장 아금참회계수례 원제죄장실소제
세세상행보살도 세세상행보살도 세세상행보살도

나무 동방만월세계 십이상원 약사유리광여래불

약사여래불 약사여래불 약사여래불 약사여래불
약사여래불 약사여래불 약사여래불 약사여래불
약사여래불 약사여래불 약사여래불 약사여래불
약사여래불 약사여래불 약사여래불 약사여래불
약사여래불 약사여래불 약사여래불 약사여래불
약사여래불 약사여래불 약사여래불 약사여래불
약사여래불 약사여래불 약사여래불 약사여래불
약사여래불 약사여래불 약사여래불 약사여래불
약사여래불 약사여래불 약사여래불 약사여래불
약사여래불 약사여래불 약사여래불 약사여래불
약사여래불 약사여래불 약사여래불 약사여래불
약사여래불 약사여래불 약사여래불 약사여래불
약사여래불 약사여래불 약사여래불 약사여래불
약사여래불 약사여래불 약사여래불 약사여래불

약사여래불 약사여래불 약사여래불 약사여래불
약사여래불 약사여래불 약사여래불 약사여래불
약사여래불 약사여래불 약사여래불 약사여래불
약사여래불 약사여래불 약사여래불 약사여래불
약사여래불 약사여래불 약사여래불 약사여래불
약사여래불 약사여래불 약사여래불 약사여래불
약사여래불 약사여래불 약사여래불 약사여래불
약사여래불 약사여래불 약사여래불 약사여래불
약사여래불 약사여래불 약사여래불 약사여래불
약사여래불 약사여래불 약사여래불 약사여래불
약사여래불 약사여래불 약사여래불 약사여래불
약사여래불 약사여래불 약사여래불 약사여래불
약사여래불 약사여래불 약사여래불 약사여래불

십이대원접군기 일편비심무공결 범부전도병근심
불우약사죄난멸 원멸 사생육도 법계유정
다겁생래제업장 아금참회계수례 원제죄장실소제
세세상행보살도 세세상행보살도 세세상행보살도

행복이 성취되는 **약사여래불 명호사경기도** ＿＿＿일째

나무 동방만월세계 십이상원 약사유리광여래불

약사여래불	약사여래불	약사여래불	약사여래불
약사여래불	약사여래불	약사여래불	약사여래불
약사여래불	약사여래불	약사여래불	약사여래불
약사여래불	약사여래불	약사여래불	약사여래불
약사여래불	약사여래불	약사여래불	약사여래불
약사여래불	약사여래불	약사여래불	약사여래불
약사여래불	약사여래불	약사여래불	약사여래불
약사여래불	약사여래불	약사여래불	약사여래불
약사여래불	약사여래불	약사여래불	약사여래불
약사여래불	약사여래불	약사여래불	약사여래불
약사여래불	약사여래불	약사여래불	약사여래불
약사여래불	약사여래불	약사여래불	약사여래불
약사여래불	약사여래불	약사여래불	약사여래불
약사여래불	약사여래불	약사여래불	약사여래불

약사여래불	약사여래불	약사여래불	약사여래불
약사여래불	약사여래불	약사여래불	약사여래불
약사여래불	약사여래불	약사여래불	약사여래불
약사여래불	약사여래불	약사여래불	약사여래불
약사여래불	약사여래불	약사여래불	약사여래불
약사여래불	약사여래불	약사여래불	약사여래불
약사여래불	약사여래불	약사여래불	약사여래불
약사여래불	약사여래불	약사여래불	약사여래불
약사여래불	약사여래불	약사여래불	약사여래불
약사여래불	약사여래불	약사여래불	약사여래불
약사여래불	약사여래불	약사여래불	약사여래불
약사여래불	약사여래불	약사여래불	약사여래불
약사여래불	약사여래불	약사여래불	약사여래불

십이대원접군기   일편비심무공결   범부전도병근심
불우약사죄난멸   원멸 사생육도   법계유정
다겁생래제업장   아금참회계수례   원제죄장실소제
세세상행보살도   세세상행보살도   세세상행보살도

나무 동방만월세계 십이상원 약사유리광여래불

약사여래불	약사여래불	약사여래불	약사여래불
약사여래불	약사여래불	약사여래불	약사여래불
약사여래불	약사여래불	약사여래불	약사여래불
약사여래불	약사여래불	약사여래불	약사여래불
약사여래불	약사여래불	약사여래불	약사여래불
약사여래불	약사여래불	약사여래불	약사여래불
약사여래불	약사여래불	약사여래불	약사여래불
약사여래불	약사여래불	약사여래불	약사여래불
약사여래불	약사여래불	약사여래불	약사여래불
약사여래불	약사여래불	약사여래불	약사여래불
약사여래불	약사여래불	약사여래불	약사여래불
약사여래불	약사여래불	약사여래불	약사여래불
약사여래불	약사여래불	약사여래불	약사여래불
약사여래불	약사여래불	약사여래불	약사여래불

약사여래불 약사여래불 약사여래불 약사여래불
약사여래불 약사여래불 약사여래불 약사여래불
약사여래불 약사여래불 약사여래불 약사여래불
약사여래불 약사여래불 약사여래불 약사여래불
약사여래불 약사여래불 약사여래불 약사여래불
약사여래불 약사여래불 약사여래불 약사여래불
약사여래불 약사여래불 약사여래불 약사여래불
약사여래불 약사여래불 약사여래불 약사여래불
약사여래불 약사여래불 약사여래불 약사여래불
약사여래불 약사여래불 약사여래불 약사여래불
약사여래불 약사여래불 약사여래불 약사여래불
약사여래불 약사여래불 약사여래불 약사여래불
약사여래불 약사여래불 약사여래불 약사여래불

십이대원접군기 일편비심무공결 범부전도병근심
불우약사죄난멸 원멸 사생육도 법계유정
다겁생래제업장 아금참회계수례 원제죄장실소제
세세상행보살도 세세상행보살도 세세상행보살도

행복이 성취되는 **약사여래불 명호사경기도** _____ 일째

나무 동방만월세계 십이상원 약사유리광여래불

약사여래불	약사여래불	약사여래불	약사여래불
약사여래불	약사여래불	약사여래불	약사여래불
약사여래불	약사여래불	약사여래불	약사여래불
약사여래불	약사여래불	약사여래불	약사여래불
약사여래불	약사여래불	약사여래불	약사여래불
약사여래불	약사여래불	약사여래불	약사여래불
약사여래불	약사여래불	약사여래불	약사여래불
약사여래불	약사여래불	약사여래불	약사여래불
약사여래불	약사여래불	약사여래불	약사여래불
약사여래불	약사여래불	약사여래불	약사여래불
약사여래불	약사여래불	약사여래불	약사여래불
약사여래불	약사여래불	약사여래불	약사여래불
약사여래불	약사여래불	약사여래불	약사여래불
약사여래불	약사여래불	약사여래불	약사여래불

약사여래불	약사여래불	약사여래불	약사여래불
약사여래불	약사여래불	약사여래불	약사여래불
약사여래불	약사여래불	약사여래불	약사여래불
약사여래불	약사여래불	약사여래불	약사여래불
약사여래불	약사여래불	약사여래불	약사여래불
약사여래불	약사여래불	약사여래불	약사여래불
약사여래불	약사여래불	약사여래불	약사여래불
약사여래불	약사여래불	약사여래불	약사여래불
약사여래불	약사여래불	약사여래불	약사여래불
약사여래불	약사여래불	약사여래불	약사여래불
약사여래불	약사여래불	약사여래불	약사여래불
약사여래불	약사여래불	약사여래불	약사여래불
약사여래불	약사여래불	약사여래불	약사여래불

십이대원접군기　일편비심무공결　범부전도병근심
불우약사죄난멸　원멸 사생육도　법계유정
다겁생래제업장　아금참회계수례　원제죄장실소제
세세상행보살도　세세상행보살도　세세상행보살도

나무 동방만월세계 십이상원 약사유리광여래불

약사여래불	약사여래불	약사여래불	약사여래불
약사여래불	약사여래불	약사여래불	약사여래불
약사여래불	약사여래불	약사여래불	약사여래불
약사여래불	약사여래불	약사여래불	약사여래불
약사여래불	약사여래불	약사여래불	약사여래불
약사여래불	약사여래불	약사여래불	약사여래불
약사여래불	약사여래불	약사여래불	약사여래불
약사여래불	약사여래불	약사여래불	약사여래불
약사여래불	약사여래불	약사여래불	약사여래불
약사여래불	약사여래불	약사여래불	약사여래불
약사여래불	약사여래불	약사여래불	약사여래불
약사여래불	약사여래불	약사여래불	약사여래불
약사여래불	약사여래불	약사여래불	약사여래불
약사여래불	약사여래불	약사여래불	약사여래불

약사여래불 약사여래불 약사여래불 약사여래불
약사여래불 약사여래불 약사여래불 약사여래불
약사여래불 약사여래불 약사여래불 약사여래불
약사여래불 약사여래불 약사여래불 약사여래불
약사여래불 약사여래불 약사여래불 약사여래불
약사여래불 약사여래불 약사여래불 약사여래불
약사여래불 약사여래불 약사여래불 약사여래불
약사여래불 약사여래불 약사여래불 약사여래불
약사여래불 약사여래불 약사여래불 약사여래불
약사여래불 약사여래불 약사여래불 약사여래불
약사여래불 약사여래불 약사여래불 약사여래불
약사여래불 약사여래불 약사여래불 약사여래불
약사여래불 약사여래불 약사여래불 약사여래불

십이대원접군기　일편비심무공결　범부전도병근심
불우약사죄난멸　원멸　사생육도　법계유정
다겁생래제업장　아금참회계수례　원제죄장실소제
세세상행보살도　세세상행보살도　세세상행보살도

나무 동방만월세계 십이상원 약사유리광여래불

약사여래불	약사여래불	약사여래불	약사여래불
약사여래불	약사여래불	약사여래불	약사여래불
약사여래불	약사여래불	약사여래불	약사여래불
약사여래불	약사여래불	약사여래불	약사여래불
약사여래불	약사여래불	약사여래불	약사여래불
약사여래불	약사여래불	약사여래불	약사여래불
약사여래불	약사여래불	약사여래불	약사여래불
약사여래불	약사여래불	약사여래불	약사여래불
약사여래불	약사여래불	약사여래불	약사여래불
약사여래불	약사여래불	약사여래불	약사여래불
약사여래불	약사여래불	약사여래불	약사여래불
약사여래불	약사여래불	약사여래불	약사여래불
약사여래불	약사여래불	약사여래불	약사여래불
약사여래불	약사여래불	약사여래불	약사여래불

약사여래불 약사여래불 약사여래불 약사여래불
약사여래불 약사여래불 약사여래불 약사여래불
약사여래불 약사여래불 약사여래불 약사여래불
약사여래불 약사여래불 약사여래불 약사여래불
약사여래불 약사여래불 약사여래불 약사여래불
약사여래불 약사여래불 약사여래불 약사여래불
약사여래불 약사여래불 약사여래불 약사여래불
약사여래불 약사여래불 약사여래불 약사여래불
약사여래불 약사여래불 약사여래불 약사여래불
약사여래불 약사여래불 약사여래불 약사여래불
약사여래불 약사여래불 약사여래불 약사여래불
약사여래불 약사여래불 약사여래불 약사여래불
약사여래불 약사여래불 약사여래불 약사여래불

십이대원접군기　일편비심무공결　범부전도병근심
불우약사죄난멸　원멸 사생육도　법계유정
다겁생래제업장　아금참회계수례　원제죄장실소제
세세상행보살도　세세상행보살도　세세상행보살도

나무 동방만월세계 십이상원 약사유리광여래불

약사여래불	약사여래불	약사여래불	약사여래불
약사여래불	약사여래불	약사여래불	약사여래불
약사여래불	약사여래불	약사여래불	약사여래불
약사여래불	약사여래불	약사여래불	약사여래불
약사여래불	약사여래불	약사여래불	약사여래불
약사여래불	약사여래불	약사여래불	약사여래불
약사여래불	약사여래불	약사여래불	약사여래불
약사여래불	약사여래불	약사여래불	약사여래불
약사여래불	약사여래불	약사여래불	약사여래불
약사여래불	약사여래불	약사여래불	약사여래불
약사여래불	약사여래불	약사여래불	약사여래불
약사여래불	약사여래불	약사여래불	약사여래불
약사여래불	약사여래불	약사여래불	약사여래불
약사여래불	약사여래불	약사여래불	약사여래불

약사여래불　　약사여래불　　약사여래불　　약사여래불
약사여래불　　약사여래불　　약사여래불　　약사여래불
약사여래불　　약사여래불　　약사여래불　　약사여래불
약사여래불　　약사여래불　　약사여래불　　약사여래불
약사여래불　　약사여래불　　약사여래불　　약사여래불
약사여래불　　약사여래불　　약사여래불　　약사여래불
약사여래불　　약사여래불　　약사여래불　　약사여래불
약사여래불　　약사여래불　　약사여래불　　약사여래불
약사여래불　　약사여래불　　약사여래불　　약사여래불
약사여래불　　약사여래불　　약사여래불　　약사여래불
약사여래불　　약사여래불　　약사여래불　　약사여래불
약사여래불　　약사여래불　　약사여래불　　약사여래불
약사여래불　　약사여래불　　약사여래불　　약사여래불
십이대원접군기　일편비심무공결　범부전도병근심
불우약사죄난멸　원멸　사생육도　법계유정
다겁생래제업장　아금참회계수례　원제죄장실소제
세세상행보살도　세세상행보살도　세세상행보살도

나무 동방만월세계 십이상원 약사유리광여래불

약사여래불	약사여래불	약사여래불	약사여래불
약사여래불	약사여래불	약사여래불	약사여래불
약사여래불	약사여래불	약사여래불	약사여래불
약사여래불	약사여래불	약사여래불	약사여래불
약사여래불	약사여래불	약사여래불	약사여래불
약사여래불	약사여래불	약사여래불	약사여래불
약사여래불	약사여래불	약사여래불	약사여래불
약사여래불	약사여래불	약사여래불	약사여래불
약사여래불	약사여래불	약사여래불	약사여래불
약사여래불	약사여래불	약사여래불	약사여래불
약사여래불	약사여래불	약사여래불	약사여래불
약사여래불	약사여래불	약사여래불	약사여래불
약사여래불	약사여래불	약사여래불	약사여래불
약사여래불	약사여래불	약사여래불	약사여래불

약사여래불   약사여래불   약사여래불   약사여래불
약사여래불   약사여래불   약사여래불   약사여래불
약사여래불   약사여래불   약사여래불   약사여래불
약사여래불   약사여래불   약사여래불   약사여래불
약사여래불   약사여래불   약사여래불   약사여래불
약사여래불   약사여래불   약사여래불   약사여래불
약사여래불   약사여래불   약사여래불   약사여래불
약사여래불   약사여래불   약사여래불   약사여래불
약사여래불   약사여래불   약사여래불   약사여래불
약사여래불   약사여래불   약사여래불   약사여래불
약사여래불   약사여래불   약사여래불   약사여래불
약사여래불   약사여래불   약사여래불   약사여래불
약사여래불   약사여래불   약사여래불   약사여래불

십이대원접군기   일편비심무공결   범부전도병근심
불우약사죄난멸   원멸 사생육도   법계유정
다겁생래제업장   아금참회계수례   원제죄장실소제
세세상행보살도   세세상행보살도   세세상행보살도

나무 동방만월세계 십이상원 약사유리광여래불

약사여래불	약사여래불	약사여래불	약사여래불
약사여래불	약사여래불	약사여래불	약사여래불
약사여래불	약사여래불	약사여래불	약사여래불
약사여래불	약사여래불	약사여래불	약사여래불
약사여래불	약사여래불	약사여래불	약사여래불
약사여래불	약사여래불	약사여래불	약사여래불
약사여래불	약사여래불	약사여래불	약사여래불
약사여래불	약사여래불	약사여래불	약사여래불
약사여래불	약사여래불	약사여래불	약사여래불
약사여래불	약사여래불	약사여래불	약사여래불
약사여래불	약사여래불	약사여래불	약사여래불
약사여래불	약사여래불	약사여래불	약사여래불
약사여래불	약사여래불	약사여래불	약사여래불
약사여래불	약사여래불	약사여래불	약사여래불

약사여래불 약사여래불 약사여래불 약사여래불
약사여래불 약사여래불 약사여래불 약사여래불
약사여래불 약사여래불 약사여래불 약사여래불
약사여래불 약사여래불 약사여래불 약사여래불
약사여래불 약사여래불 약사여래불 약사여래불
약사여래불 약사여래불 약사여래불 약사여래불
약사여래불 약사여래불 약사여래불 약사여래불
약사여래불 약사여래불 약사여래불 약사여래불
약사여래불 약사여래불 약사여래불 약사여래불
약사여래불 약사여래불 약사여래불 약사여래불
약사여래불 약사여래불 약사여래불 약사여래불
약사여래불 약사여래불 약사여래불 약사여래불
약사여래불 약사여래불 약사여래불 약사여래불

십이대원접군기 일편비심무공결 범부전도병근심
불우약사죄난멸 원멸 사생육도 법계유정
다겁생래제업장 아금참회계수례 원제죄장실소제
세세상행보살도 세세상행보살도 세세상행보살도

나무 동방만월세계 십이상원 약사유리광여래불

약사여래불	약사여래불	약사여래불	약사여래불
약사여래불	약사여래불	약사여래불	약사여래불
약사여래불	약사여래불	약사여래불	약사여래불
약사여래불	약사여래불	약사여래불	약사여래불
약사여래불	약사여래불	약사여래불	약사여래불
약사여래불	약사여래불	약사여래불	약사여래불
약사여래불	약사여래불	약사여래불	약사여래불
약사여래불	약사여래불	약사여래불	약사여래불
약사여래불	약사여래불	약사여래불	약사여래불
약사여래불	약사여래불	약사여래불	약사여래불
약사여래불	약사여래불	약사여래불	약사여래불
약사여래불	약사여래불	약사여래불	약사여래불
약사여래불	약사여래불	약사여래불	약사여래불
약사여래불	약사여래불	약사여래불	약사여래불

약사여래불 약사여래불 약사여래불 약사여래불
약사여래불 약사여래불 약사여래불 약사여래불
약사여래불 약사여래불 약사여래불 약사여래불
약사여래불 약사여래불 약사여래불 약사여래불
약사여래불 약사여래불 약사여래불 약사여래불
약사여래불 약사여래불 약사여래불 약사여래불
약사여래불 약사여래불 약사여래불 약사여래불
약사여래불 약사여래불 약사여래불 약사여래불
약사여래불 약사여래불 약사여래불 약사여래불
약사여래불 약사여래불 약사여래불 약사여래불
약사여래불 약사여래불 약사여래불 약사여래불
약사여래불 약사여래불 약사여래불 약사여래불
약사여래불 약사여래불 약사여래불 약사여래불

십이대원접군기 일편비심무공결 범부전도병근심
불우약사죄난멸 원멸 사생육도 법계유정
다겁생래제업장 아금참회계수례 원제죄장실소제
세세상행보살도 세세상행보살도 세세상행보살도

나무 동방만월세계 십이상원 약사유리광여래불

약사여래불	약사여래불	약사여래불	약사여래불
약사여래불	약사여래불	약사여래불	약사여래불
약사여래불	약사여래불	약사여래불	약사여래불
약사여래불	약사여래불	약사여래불	약사여래불
약사여래불	약사여래불	약사여래불	약사여래불
약사여래불	약사여래불	약사여래불	약사여래불
약사여래불	약사여래불	약사여래불	약사여래불
약사여래불	약사여래불	약사여래불	약사여래불
약사여래불	약사여래불	약사여래불	약사여래불
약사여래불	약사여래불	약사여래불	약사여래불
약사여래불	약사여래불	약사여래불	약사여래불
약사여래불	약사여래불	약사여래불	약사여래불
약사여래불	약사여래불	약사여래불	약사여래불
약사여래불	약사여래불	약사여래불	약사여래불

약사여래불 약사여래불 약사여래불 약사여래불
약사여래불 약사여래불 약사여래불 약사여래불
약사여래불 약사여래불 약사여래불 약사여래불
약사여래불 약사여래불 약사여래불 약사여래불
약사여래불 약사여래불 약사여래불 약사여래불
약사여래불 약사여래불 약사여래불 약사여래불
약사여래불 약사여래불 약사여래불 약사여래불
약사여래불 약사여래불 약사여래불 약사여래불
약사여래불 약사여래불 약사여래불 약사여래불
약사여래불 약사여래불 약사여래불 약사여래불
약사여래불 약사여래불 약사여래불 약사여래불
약사여래불 약사여래불 약사여래불 약사여래불
약사여래불 약사여래불 약사여래불 약사여래불

십이대원접군기 일편비심무공결 범부전도병근심
불우약사죄난멸 원멸 사생육도 법계유정
다겁생래제업장 아금참회계수례 원제죄장실소제
세세상행보살도 세세상행보살도 세세상행보살도

나무 동방만월세계 십이상원 약사유리광여래불

약사여래불	약사여래불	약사여래불	약사여래불
약사여래불	약사여래불	약사여래불	약사여래불
약사여래불	약사여래불	약사여래불	약사여래불
약사여래불	약사여래불	약사여래불	약사여래불
약사여래불	약사여래불	약사여래불	약사여래불
약사여래불	약사여래불	약사여래불	약사여래불
약사여래불	약사여래불	약사여래불	약사여래불
약사여래불	약사여래불	약사여래불	약사여래불
약사여래불	약사여래불	약사여래불	약사여래불
약사여래불	약사여래불	약사여래불	약사여래불
약사여래불	약사여래불	약사여래불	약사여래불
약사여래불	약사여래불	약사여래불	약사여래불
약사여래불	약사여래불	약사여래불	약사여래불
약사여래불	약사여래불	약사여래불	약사여래불

약사여래불 약사여래불 약사여래불 약사여래불
약사여래불 약사여래불 약사여래불 약사여래불
약사여래불 약사여래불 약사여래불 약사여래불
약사여래불 약사여래불 약사여래불 약사여래불
약사여래불 약사여래불 약사여래불 약사여래불
약사여래불 약사여래불 약사여래불 약사여래불
약사여래불 약사여래불 약사여래불 약사여래불
약사여래불 약사여래불 약사여래불 약사여래불
약사여래불 약사여래불 약사여래불 약사여래불
약사여래불 약사여래불 약사여래불 약사여래불
약사여래불 약사여래불 약사여래불 약사여래불
약사여래불 약사여래불 약사여래불 약사여래불
약사여래불 약사여래불 약사여래불 약사여래불

십이대원접군기 일편비심무공결 범부전도병근심
불우약사죄난멸 원멸 사생육도 법계유정
다겁생래제업장 아금참회계수례 원제죄장실소제
세세상행보살도 세세상행보살도 세세상행보살도

나무 동방만월세계 십이상원 약사유리광여래불

약사여래불	약사여래불	약사여래불	약사여래불
약사여래불	약사여래불	약사여래불	약사여래불
약사여래불	약사여래불	약사여래불	약사여래불
약사여래불	약사여래불	약사여래불	약사여래불
약사여래불	약사여래불	약사여래불	약사여래불
약사여래불	약사여래불	약사여래불	약사여래불
약사여래불	약사여래불	약사여래불	약사여래불
약사여래불	약사여래불	약사여래불	약사여래불
약사여래불	약사여래불	약사여래불	약사여래불
약사여래불	약사여래불	약사여래불	약사여래불
약사여래불	약사여래불	약사여래불	약사여래불
약사여래불	약사여래불	약사여래불	약사여래불
약사여래불	약사여래불	약사여래불	약사여래불
약사여래불	약사여래불	약사여래불	약사여래불

약사여래불 약사여래불 약사여래불 약사여래불
약사여래불 약사여래불 약사여래불 약사여래불
약사여래불 약사여래불 약사여래불 약사여래불
약사여래불 약사여래불 약사여래불 약사여래불
약사여래불 약사여래불 약사여래불 약사여래불
약사여래불 약사여래불 약사여래불 약사여래불
약사여래불 약사여래불 약사여래불 약사여래불
약사여래불 약사여래불 약사여래불 약사여래불
약사여래불 약사여래불 약사여래불 약사여래불
약사여래불 약사여래불 약사여래불 약사여래불
약사여래불 약사여래불 약사여래불 약사여래불
약사여래불 약사여래불 약사여래불 약사여래불
약사여래불 약사여래불 약사여래불 약사여래불

십이대원접군기 일편비심무공결 범부전도병근심
불우약사죄난멸 원멸 사생육도 법계유정
다겁생래제업장 아금참회계수례 원제죄장실소제
세세상행보살도 세세상행보살도 세세상행보살도

행복이 성취되는 **약사여래불 명호사경기도** _____ 일째

나무 동방만월세계 십이상원 약사유리광여래불

약사여래불	약사여래불	약사여래불	약사여래불
약사여래불	약사여래불	약사여래불	약사여래불
약사여래불	약사여래불	약사여래불	약사여래불
약사여래불	약사여래불	약사여래불	약사여래불
약사여래불	약사여래불	약사여래불	약사여래불
약사여래불	약사여래불	약사여래불	약사여래불
약사여래불	약사여래불	약사여래불	약사여래불
약사여래불	약사여래불	약사여래불	약사여래불
약사여래불	약사여래불	약사여래불	약사여래불
약사여래불	약사여래불	약사여래불	약사여래불
약사여래불	약사여래불	약사여래불	약사여래불
약사여래불	약사여래불	약사여래불	약사여래불
약사여래불	약사여래불	약사여래불	약사여래불
약사여래불	약사여래불	약사여래불	약사여래불

약사여래불 약사여래불 약사여래불 약사여래불
약사여래불 약사여래불 약사여래불 약사여래불
약사여래불 약사여래불 약사여래불 약사여래불
약사여래불 약사여래불 약사여래불 약사여래불
약사여래불 약사여래불 약사여래불 약사여래불
약사여래불 약사여래불 약사여래불 약사여래불
약사여래불 약사여래불 약사여래불 약사여래불
약사여래불 약사여래불 약사여래불 약사여래불
약사여래불 약사여래불 약사여래불 약사여래불
약사여래불 약사여래불 약사여래불 약사여래불
약사여래불 약사여래불 약사여래불 약사여래불
약사여래불 약사여래불 약사여래불 약사여래불
약사여래불 약사여래불 약사여래불 약사여래불

십이대원접군기 일편비심무공결 범부전도병근심
불우약사죄난멸 원멸 사생육도 법계유정
다겁생래제업장 아금참회계수례 원제죄장실소제
세세상행보살도 세세상행보살도 세세상행보살도

나무 동방만월세계 십이상원 약사유리광여래불

약사여래불	약사여래불	약사여래불	약사여래불
약사여래불	약사여래불	약사여래불	약사여래불
약사여래불	약사여래불	약사여래불	약사여래불
약사여래불	약사여래불	약사여래불	약사여래불
약사여래불	약사여래불	약사여래불	약사여래불
약사여래불	약사여래불	약사여래불	약사여래불
약사여래불	약사여래불	약사여래불	약사여래불
약사여래불	약사여래불	약사여래불	약사여래불
약사여래불	약사여래불	약사여래불	약사여래불
약사여래불	약사여래불	약사여래불	약사여래불
약사여래불	약사여래불	약사여래불	약사여래불
약사여래불	약사여래불	약사여래불	약사여래불
약사여래불	약사여래불	약사여래불	약사여래불
약사여래불	약사여래불	약사여래불	약사여래불

약사여래불 약사여래불 약사여래불 약사여래불
약사여래불 약사여래불 약사여래불 약사여래불
약사여래불 약사여래불 약사여래불 약사여래불
약사여래불 약사여래불 약사여래불 약사여래불
약사여래불 약사여래불 약사여래불 약사여래불
약사여래불 약사여래불 약사여래불 약사여래불
약사여래불 약사여래불 약사여래불 약사여래불
약사여래불 약사여래불 약사여래불 약사여래불
약사여래불 약사여래불 약사여래불 약사여래불
약사여래불 약사여래불 약사여래불 약사여래불
약사여래불 약사여래불 약사여래불 약사여래불
약사여래불 약사여래불 약사여래불 약사여래불
약사여래불 약사여래불 약사여래불 약사여래불

십이대원접군기 일편비심무공결 범부전도병근심
불우약사죄난멸 원멸 사생육도 법계유정
다겁생래제업장 아금참회계수례 원제죄장실소제
세세상행보살도 세세상행보살도 세세상행보살도

나무 동방만월세계 십이상원 약사유리광여래불

약사여래불	약사여래불	약사여래불	약사여래불
약사여래불	약사여래불	약사여래불	약사여래불
약사여래불	약사여래불	약사여래불	약사여래불
약사여래불	약사여래불	약사여래불	약사여래불
약사여래불	약사여래불	약사여래불	약사여래불
약사여래불	약사여래불	약사여래불	약사여래불
약사여래불	약사여래불	약사여래불	약사여래불
약사여래불	약사여래불	약사여래불	약사여래불
약사여래불	약사여래불	약사여래불	약사여래불
약사여래불	약사여래불	약사여래불	약사여래불
약사여래불	약사여래불	약사여래불	약사여래불
약사여래불	약사여래불	약사여래불	약사여래불
약사여래불	약사여래불	약사여래불	약사여래불
약사여래불	약사여래불	약사여래불	약사여래불

약사여래불 약사여래불 약사여래불 약사여래불
약사여래불 약사여래불 약사여래불 약사여래불
약사여래불 약사여래불 약사여래불 약사여래불
약사여래불 약사여래불 약사여래불 약사여래불
약사여래불 약사여래불 약사여래불 약사여래불
약사여래불 약사여래불 약사여래불 약사여래불
약사여래불 약사여래불 약사여래불 약사여래불
약사여래불 약사여래불 약사여래불 약사여래불
약사여래불 약사여래불 약사여래불 약사여래불
약사여래불 약사여래불 약사여래불 약사여래불
약사여래불 약사여래불 약사여래불 약사여래불
약사여래불 약사여래불 약사여래불 약사여래불
약사여래불 약사여래불 약사여래불 약사여래불

십이대원접군기   일편비심무공결   범부전도병근심
불우약사죄난멸   원멸 사생육도   법계유정
다겁생래제업장   아금참회계수례   원제죄장실소제
세세상행보살도   세세상행보살도   세세상행보살도

나무 동방만월세계 십이상원 약사유리광여래불

약사여래불	약사여래불	약사여래불	약사여래불
약사여래불	약사여래불	약사여래불	약사여래불
약사여래불	약사여래불	약사여래불	약사여래불
약사여래불	약사여래불	약사여래불	약사여래불
약사여래불	약사여래불	약사여래불	약사여래불
약사여래불	약사여래불	약사여래불	약사여래불
약사여래불	약사여래불	약사여래불	약사여래불
약사여래불	약사여래불	약사여래불	약사여래불
약사여래불	약사여래불	약사여래불	약사여래불
약사여래불	약사여래불	약사여래불	약사여래불
약사여래불	약사여래불	약사여래불	약사여래불
약사여래불	약사여래불	약사여래불	약사여래불
약사여래불	약사여래불	약사여래불	약사여래불
약사여래불	약사여래불	약사여래불	약사여래불

약사여래불 약사여래불 약사여래불 약사여래불
약사여래불 약사여래불 약사여래불 약사여래불
약사여래불 약사여래불 약사여래불 약사여래불
약사여래불 약사여래불 약사여래불 약사여래불
약사여래불 약사여래불 약사여래불 약사여래불
약사여래불 약사여래불 약사여래불 약사여래불
약사여래불 약사여래불 약사여래불 약사여래불
약사여래불 약사여래불 약사여래불 약사여래불
약사여래불 약사여래불 약사여래불 약사여래불
약사여래불 약사여래불 약사여래불 약사여래불
약사여래불 약사여래불 약사여래불 약사여래불
약사여래불 약사여래불 약사여래불 약사여래불
약사여래불 약사여래불 약사여래불 약사여래불
십이대원접군기　일편비심무공결　범부전도병근심
불우약사죄난멸　원멸　사생육도　법계유정
다겁생래제업장　아금참회계수례　원제죄장실소제
세세상행보살도　세세상행보살도　세세상행보살도

나무 동방만월세계 십이상원 약사유리광여래불

약사여래불	약사여래불	약사여래불	약사여래불
약사여래불	약사여래불	약사여래불	약사여래불
약사여래불	약사여래불	약사여래불	약사여래불
약사여래불	약사여래불	약사여래불	약사여래불
약사여래불	약사여래불	약사여래불	약사여래불
약사여래불	약사여래불	약사여래불	약사여래불
약사여래불	약사여래불	약사여래불	약사여래불
약사여래불	약사여래불	약사여래불	약사여래불
약사여래불	약사여래불	약사여래불	약사여래불
약사여래불	약사여래불	약사여래불	약사여래불
약사여래불	약사여래불	약사여래불	약사여래불
약사여래불	약사여래불	약사여래불	약사여래불
약사여래불	약사여래불	약사여래불	약사여래불
약사여래불	약사여래불	약사여래불	약사여래불

약사여래불 약사여래불 약사여래불 약사여래불
약사여래불 약사여래불 약사여래불 약사여래불
약사여래불 약사여래불 약사여래불 약사여래불
약사여래불 약사여래불 약사여래불 약사여래불
약사여래불 약사여래불 약사여래불 약사여래불
약사여래불 약사여래불 약사여래불 약사여래불
약사여래불 약사여래불 약사여래불 약사여래불
약사여래불 약사여래불 약사여래불 약사여래불
약사여래불 약사여래불 약사여래불 약사여래불
약사여래불 약사여래불 약사여래불 약사여래불
약사여래불 약사여래불 약사여래불 약사여래불
약사여래불 약사여래불 약사여래불 약사여래불
약사여래불 약사여래불 약사여래불 약사여래불

십이대원접군기 일편비심무공결 범부전도병근심
불우약사죄난멸 원멸 사생육도 법계유정
다겁생래제업장 아금참회계수례 원제죄장실소제
세세상행보살도 세세상행보살도 세세상행보살도

행복이 성취되는 **약사여래불** 명호사경기도 _____ 일째

나무 동방만월세계 십이상원 약사유리광여래불

약사여래불	약사여래불	약사여래불	약사여래불
약사여래불	약사여래불	약사여래불	약사여래불
약사여래불	약사여래불	약사여래불	약사여래불
약사여래불	약사여래불	약사여래불	약사여래불
약사여래불	약사여래불	약사여래불	약사여래불
약사여래불	약사여래불	약사여래불	약사여래불
약사여래불	약사여래불	약사여래불	약사여래불
약사여래불	약사여래불	약사여래불	약사여래불
약사여래불	약사여래불	약사여래불	약사여래불
약사여래불	약사여래불	약사여래불	약사여래불
약사여래불	약사여래불	약사여래불	약사여래불
약사여래불	약사여래불	약사여래불	약사여래불
약사여래불	약사여래불	약사여래불	약사여래불
약사여래불	약사여래불	약사여래불	약사여래불

약사여래불 약사여래불 약사여래불 약사여래불
약사여래불 약사여래불 약사여래불 약사여래불
약사여래불 약사여래불 약사여래불 약사여래불
약사여래불 약사여래불 약사여래불 약사여래불
약사여래불 약사여래불 약사여래불 약사여래불
약사여래불 약사여래불 약사여래불 약사여래불
약사여래불 약사여래불 약사여래불 약사여래불
약사여래불 약사여래불 약사여래불 약사여래불
약사여래불 약사여래불 약사여래불 약사여래불
약사여래불 약사여래불 약사여래불 약사여래불
약사여래불 약사여래불 약사여래불 약사여래불
약사여래불 약사여래불 약사여래불 약사여래불
약사여래불 약사여래불 약사여래불 약사여래불

십이대원접군기 일편비심무공결 범부전도병근심
불우약사죄난멸 원멸 사생육도 법계유정
다겁생래제업장 아금참회계수례 원제죄장실소제
세세상행보살도 세세상행보살도 세세상행보살도

행복이 성취되는 **약사여래불** 명호사경기도 _____ 일째

나무 동방만월세계 십이상원 약사유리광여래불

약사여래불	약사여래불	약사여래불	약사여래불
약사여래불	약사여래불	약사여래불	약사여래불
약사여래불	약사여래불	약사여래불	약사여래불
약사여래불	약사여래불	약사여래불	약사여래불
약사여래불	약사여래불	약사여래불	약사여래불
약사여래불	약사여래불	약사여래불	약사여래불
약사여래불	약사여래불	약사여래불	약사여래불
약사여래불	약사여래불	약사여래불	약사여래불
약사여래불	약사여래불	약사여래불	약사여래불
약사여래불	약사여래불	약사여래불	약사여래불
약사여래불	약사여래불	약사여래불	약사여래불
약사여래불	약사여래불	약사여래불	약사여래불
약사여래불	약사여래불	약사여래불	약사여래불
약사여래불	약사여래불	약사여래불	약사여래불

약사여래불	약사여래불	약사여래불	약사여래불
약사여래불	약사여래불	약사여래불	약사여래불
약사여래불	약사여래불	약사여래불	약사여래불
약사여래불	약사여래불	약사여래불	약사여래불
약사여래불	약사여래불	약사여래불	약사여래불
약사여래불	약사여래불	약사여래불	약사여래불
약사여래불	약사여래불	약사여래불	약사여래불
약사여래불	약사여래불	약사여래불	약사여래불
약사여래불	약사여래불	약사여래불	약사여래불
약사여래불	약사여래불	약사여래불	약사여래불
약사여래불	약사여래불	약사여래불	약사여래불
약사여래불	약사여래불	약사여래불	약사여래불
약사여래불	약사여래불	약사여래불	약사여래불

십이대원접군기　　일편비심무공결　　범부전도병근심
불우약사죄난멸　　원멸 사생육도　　법계유정
다겁생래제업장　　아금참회계수례　　원제죄장실소제
세세상행보살도　　세세상행보살도　　세세상행보살도

나무 동방만월세계 십이상원 약사유리광여래불

약사여래불	약사여래불	약사여래불	약사여래불
약사여래불	약사여래불	약사여래불	약사여래불
약사여래불	약사여래불	약사여래불	약사여래불
약사여래불	약사여래불	약사여래불	약사여래불
약사여래불	약사여래불	약사여래불	약사여래불
약사여래불	약사여래불	약사여래불	약사여래불
약사여래불	약사여래불	약사여래불	약사여래불
약사여래불	약사여래불	약사여래불	약사여래불
약사여래불	약사여래불	약사여래불	약사여래불
약사여래불	약사여래불	약사여래불	약사여래불
약사여래불	약사여래불	약사여래불	약사여래불
약사여래불	약사여래불	약사여래불	약사여래불
약사여래불	약사여래불	약사여래불	약사여래불
약사여래불	약사여래불	약사여래불	약사여래불

약사여래불 약사여래불 약사여래불 약사여래불
약사여래불 약사여래불 약사여래불 약사여래불
약사여래불 약사여래불 약사여래불 약사여래불
약사여래불 약사여래불 약사여래불 약사여래불
약사여래불 약사여래불 약사여래불 약사여래불
약사여래불 약사여래불 약사여래불 약사여래불
약사여래불 약사여래불 약사여래불 약사여래불
약사여래불 약사여래불 약사여래불 약사여래불
약사여래불 약사여래불 약사여래불 약사여래불
약사여래불 약사여래불 약사여래불 약사여래불
약사여래불 약사여래불 약사여래불 약사여래불
약사여래불 약사여래불 약사여래불 약사여래불
약사여래불 약사여래불 약사여래불 약사여래불
십이대원접군기 일편비심무공결 범부전도병근심
불우약사죄난멸 원멸 사생육도 법계유정
다겁생래제업장 아금참회계수례 원제죄장실소제
세세상행보살도 세세상행보살도 세세상행보살도

행복이 성취되는 **약사여래불** 명호사경기도 _____ 일째

나무 동방만월세계 십이상원 약사유리광여래불

약사여래불	약사여래불	약사여래불	약사여래불
약사여래불	약사여래불	약사여래불	약사여래불
약사여래불	약사여래불	약사여래불	약사여래불
약사여래불	약사여래불	약사여래불	약사여래불
약사여래불	약사여래불	약사여래불	약사여래불
약사여래불	약사여래불	약사여래불	약사여래불
약사여래불	약사여래불	약사여래불	약사여래불
약사여래불	약사여래불	약사여래불	약사여래불
약사여래불	약사여래불	약사여래불	약사여래불
약사여래불	약사여래불	약사여래불	약사여래불
약사여래불	약사여래불	약사여래불	약사여래불
약사여래불	약사여래불	약사여래불	약사여래불
약사여래불	약사여래불	약사여래불	약사여래불
약사여래불	약사여래불	약사여래불	약사여래불

약사여래불	약사여래불	약사여래불	약사여래불
약사여래불	약사여래불	약사여래불	약사여래불
약사여래불	약사여래불	약사여래불	약사여래불
약사여래불	약사여래불	약사여래불	약사여래불
약사여래불	약사여래불	약사여래불	약사여래불
약사여래불	약사여래불	약사여래불	약사여래불
약사여래불	약사여래불	약사여래불	약사여래불
약사여래불	약사여래불	약사여래불	약사여래불
약사여래불	약사여래불	약사여래불	약사여래불
약사여래불	약사여래불	약사여래불	약사여래불
약사여래불	약사여래불	약사여래불	약사여래불
약사여래불	약사여래불	약사여래불	약사여래불
약사여래불	약사여래불	약사여래불	약사여래불

십이대원접군기　일편비심무공결　범부전도병근심
불우약사죄난멸　원멸　사생육도　법계유정
다겁생래제업장　아금참회계수례　원제죄장실소제
세세상행보살도　세세상행보살도　세세상행보살도

행복이 성취되는 **약사여래불 명호사경기도** _____ 일째

나무 동방만월세계 십이상원 약사유리광여래불

약사여래불	약사여래불	약사여래불	약사여래불
약사여래불	약사여래불	약사여래불	약사여래불
약사여래불	약사여래불	약사여래불	약사여래불
약사여래불	약사여래불	약사여래불	약사여래불
약사여래불	약사여래불	약사여래불	약사여래불
약사여래불	약사여래불	약사여래불	약사여래불
약사여래불	약사여래불	약사여래불	약사여래불
약사여래불	약사여래불	약사여래불	약사여래불
약사여래불	약사여래불	약사여래불	약사여래불
약사여래불	약사여래불	약사여래불	약사여래불
약사여래불	약사여래불	약사여래불	약사여래불
약사여래불	약사여래불	약사여래불	약사여래불
약사여래불	약사여래불	약사여래불	약사여래불
약사여래불	약사여래불	약사여래불	약사여래불

약사여래불 약사여래불 약사여래불 약사여래불
약사여래불 약사여래불 약사여래불 약사여래불
약사여래불 약사여래불 약사여래불 약사여래불
약사여래불 약사여래불 약사여래불 약사여래불
약사여래불 약사여래불 약사여래불 약사여래불
약사여래불 약사여래불 약사여래불 약사여래불
약사여래불 약사여래불 약사여래불 약사여래불
약사여래불 약사여래불 약사여래불 약사여래불
약사여래불 약사여래불 약사여래불 약사여래불
약사여래불 약사여래불 약사여래불 약사여래불
약사여래불 약사여래불 약사여래불 약사여래불
약사여래불 약사여래불 약사여래불 약사여래불
약사여래불 약사여래불 약사여래불 약사여래불
십이대원접군기 일편비심무공결 범부전도병근심
불우약사죄난멸 원멸 사생육도 법계유정
다겁생래제업장 아금참회계수례 원제죄장실소제
세세상행보살도 세세상행보살도 세세상행보살도

나무 동방만월세계 십이상원 약사유리광여래불

약사여래불	약사여래불	약사여래불	약사여래불
약사여래불	약사여래불	약사여래불	약사여래불
약사여래불	약사여래불	약사여래불	약사여래불
약사여래불	약사여래불	약사여래불	약사여래불
약사여래불	약사여래불	약사여래불	약사여래불
약사여래불	약사여래불	약사여래불	약사여래불
약사여래불	약사여래불	약사여래불	약사여래불
약사여래불	약사여래불	약사여래불	약사여래불
약사여래불	약사여래불	약사여래불	약사여래불
약사여래불	약사여래불	약사여래불	약사여래불
약사여래불	약사여래불	약사여래불	약사여래불
약사여래불	약사여래불	약사여래불	약사여래불
약사여래불	약사여래불	약사여래불	약사여래불
약사여래불	약사여래불	약사여래불	약사여래불

약사여래불 　약사여래불 　약사여래불 　약사여래불
약사여래불 　약사여래불 　약사여래불 　약사여래불
약사여래불 　약사여래불 　약사여래불 　약사여래불
약사여래불 　약사여래불 　약사여래불 　약사여래불
약사여래불 　약사여래불 　약사여래불 　약사여래불
약사여래불 　약사여래불 　약사여래불 　약사여래불
약사여래불 　약사여래불 　약사여래불 　약사여래불
약사여래불 　약사여래불 　약사여래불 　약사여래불
약사여래불 　약사여래불 　약사여래불 　약사여래불
약사여래불 　약사여래불 　약사여래불 　약사여래불
약사여래불 　약사여래불 　약사여래불 　약사여래불
약사여래불 　약사여래불 　약사여래불 　약사여래불
약사여래불 　약사여래불 　약사여래불 　약사여래불

십이대원접군기 　일편비심무공결 　범부전도병근심
불우약사죄난멸 　원멸 사생육도 　법계유정
다겁생래제업장 　아금참회계수례 　원제죄장실소제
세세상행보살도 　세세상행보살도 　세세상행보살도

행복이 성취되는 **약사여래불 사불기도**

寫佛

※ 행복이 성취되는 것을 발원하면서 성심을 다하여 약사여래불을 염하며 장엄하게 색칠한다.

寫佛

※ 행복이 성취되는 것을 발원하면서 성심을 다하여 약사여래불을 염하며 장엄하게 색칠한다.

행복이 성취되는 **약사여래불 사불기도**

寫佛

※ 행복이 성취되는 것을 발원하면서 성심을 다하여 약사여래불을 염하며 장엄하게 색칠한다.

寫佛

※ 행복이 성취되는 것을 발원하면서 성심을 다하여 약사여래불을 염하며 장엄하게 색칠한다.

행복이 성취되는 **약사여래불 사불기도**

寫佛

※ 행복이 성취되는 것을 발원하면서 성심을 다하여 약사여래불을 염하며 장엄하게 색칠한다.

寫佛

※ 행복이 성취되는 것을 발원하면서 성심을 다하여 약사여래불을 염하며 장엄하게 색칠한다.

회향 축원문

사경을 다 마친 다음에도 그 공덕을 회향하는 축원을 세 번 하여야 한다.

1.
이 약사여래불의 명호를 사경하는 공덕이
_____(본관) ____씨 집안 선망조상과
유주무주 영가의 천도, 극락왕생을 기원하오며,
법계 일체 중생의 질병과 재난이 소멸되기를 바라며,
그들의 행복에 회향합니다.
그리고 약사여래불의 크고 크신 가피로
저희가 지은 모든 업장이 소멸되고, 위없는 깨달음과
원하는 모든 것이 이루어지게 하여 주시옵소서.

2.
이 약사여래불의 명호를 사경하는 공덕이
_____(본관) ____씨 집안 선망조상과
유주무주 영가의 천도, 극락왕생을 기원하오며,
법계 일체 중생의 질병과 재난이 소멸되기를 바라며,
그들의 행복에 회향합니다.
그리고 약사여래불의 크고 크신 가피로
저희가 지은 모든 업장이 소멸되고, 위없는 깨달음과
원하는 모든 것이 이루어지게 하여 주시옵소서.

3.
이 약사여래불의 명호를 사경하는 공덕이
_____(본관) ____씨 집안 선망조상과
유주무주 영가의 천도, 극락왕생을 기원하오며,
법계 일체 중생의 질병과 재난이 소멸되기를 바라며,
그들의 행복에 회향합니다.
그리고 약사여래불의 크고 크신 가피로
저희가 지은 모든 업장이 소멸되고, 위없는 깨달음과
원하는 모든 것이 이루어지게 하여 주시옵소서.

행복이 성취되는 약사여래불 사경기도

회향하는 게
普爲出資及受持轉流通者回向偈曰

원컨대 이 공덕으로 전생과 현생의 업이 다 소멸되고,
모든 복과 지혜가 증장되고 수승한 선근을 원만하게 이루며,
願以此功德　消除宿現業　增長諸福慧　圓成勝善根

모든 도병겁과 기근 등이 다 남김없이 소멸되고,
사람들마다 각자 예의와 양보를 닦으며,
所有刀兵劫　及與饑饉等　悉皆盡滅除　人各習禮讓

자금을 낸 사람이나 유통시킨 사람들의 현생 권속이 모두 다
남김없이 편안하고 즐거우며 선망조상들은 극락왕생 이루고,
一切出資者　展轉流通者　現眷咸安樂　先亡獲超昇

비바람이 항상 순조로우며, 사람들이 모두 건강하고,
법계의 모든 중생이 함께 위없는 도를 증득하길 바라나이다.
風雨常調順　人民悉康寧　法界諸含識　同證無上道

〈부록〉

약사여래불 명호 사경의 공덕

1. 《약사경》과 약사여래불

약사여래불의 열두 가지 본원과 공덕, 그리고 그 신앙의 이익을 설한 《약사경》은 《약사유리광여래본원공덕경(藥師瑠璃光如來本願功德經)》의 줄임말이다. 이 경의 범어 명칭은 bhagavan-bhaisajyaguru-vaiduraya-prabhana-visesa-vistara이며, 흔히 《약사여래본원공덕경》이라고 번역된다.

현재에 전해지고 있는 《약사경》의 한역본(漢譯本)은 다음의 세 가지가 있다.

중국 수(隋)나라의 달마급다(達磨汲多?~619)가 번역한 《불설약사여래본원경(佛說藥師如來本願經)》1권과 당나라 현장 삼장(玄奘三藏, 602~664)이 번역한 《약사유리광여래본원공덕경(藥師瑠璃光如來本願功德經)》1권, 그리고 당나라 의정 삼장(義淨三藏, 635~713)이 번역한 《약사유리광칠불본원공덕경(藥師瑠璃光七佛本願功德經)》2권이 바로 그것이다.

이들 세 가지 번역본은 내용과 구성에 있어 차이가 있다. 《불설약사여래본원경》에서는 서론에 해당하는 「서분」에서 12대원을 세워 열거하였고, 본론에 해당하는 「정종분」에서는 이 경의 공덕과 위신력을 설명하였다. 결론에 해당하는 「유통분」에서는 12신장과 수십만의 야차신이 삼보에 귀의하고 불법을 옹호할 것을 나타냈으며, 끝으로 이 경의 유행광통(流行廣通)에 대하여 서술하고 있다.

《약사유리광본원공덕경》의 「서분」에서도 역시 12대원을 두었으나 그 내용은 앞의 본원경의 그것과는 약간의 차이가 있다. 정종분에서 경의 공덕을 설하는데, 특히 약사여래가 아득한 옛날에 보살만행을 닦은 공덕으로 성불하여 일체 중생의 병고를 구제하게 되었다는 요지로 전개되었다. 「유통분」에서는 역시 12신장과 야차신 등의 삼보(三寶)에 대한 귀의를 말하고 있다.

『약사유리광칠본원공덕경』의 「서분」에서는 앞의 두 본과 달리 8대원을 서원하였음을 나타냈다. 여기에서 문수보살도 보살도를 행할 때에 8대원을 세웠음을 밝히고 있어 주목된다. 「정종분」에서는 7불 가운데 처음 2불이 각각 8대원을 서원하고, 다음 4불이 각각 4대원을 서원하며, 마지막으로 1불이 앞의 두 본에서와 같이 12대원을 서원하고 있는 차이가 나타난다. 「유통분」에서는 앞의 두 본과 마찬가지로 12신장이 이 경과 이 경을 독송하는 이들을 보호할 것을 서원하는 것으로 되어 있다. 이 세 가지 경전 가운데 가장 널리 독송된 경전은 현장 삼장의 《약사유리광본원공덕경》이다.

약사여래불은 중생의 질병을 고쳐주는 약사신앙의 대상이 되는 부처. 약사유리광여래(藥師瑠璃光如來)·대의왕불(大醫王佛)이라고도 한다. 동방 유리세계(淨瑠璃世界)에 있으면서 모든 중생의 질병을 치료하고 재앙을 소멸시키며, 부처의 원만행(圓滿行)을 닦는 이로 하여금 무상보리(無上菩提)의 묘과(妙果)를 증득하게 하는 부처이다. 그는 과거세에 약왕(藥王)이라는 이름의 보살로 수행하면서 중생의 아픔과 슬픔을 소멸시키기 위한 12가지 대원(大願)을 세웠다. 이 십이대원 속에는 약사여래가 단순히 중생의 병고를 구제하는 일에 그치지 않고 의복이나 음식 등의 의식주문제는 물론 사도나 외도에 빠진 자, 파계자, 범법자 등의 구제에까지 미치고 있음을 볼 수 있다.

이 십이대원 이외에도 극락왕생을 원하는 자, 악귀를 물리쳐서 횡사를 면하고 싶은 자, 온갖 재앙으로부터 보호받고 싶은 자들이 약사여래의 명호를 부르면서 발원하면 구제를 받을 수 있다고 하였다. 또, 외적의 침입과 내란, 성수(星宿)의 괴변, 일월(日月)의 괴변, 때 아닌 비바람, 가뭄, 질병의 유행 등 국가가 큰 재난에 처했을 때도 약사여래의 본원력을 통하여 구제받을 수 있다고 한다.

2. 약사여래 12대원과 기도법

《약사유리광여래본원공덕경》, 약칭 《약사경》에 나오는 약사여래의 12대 서원은 다음과 같다.

1. 광명조요대원(光明照曜大願), 광명보조원(光明普照願)

내가 다음 세상에 보리를 증득할 때, 내 몸의 광명이 끝없이 넓은 세계를 비추고 또한 32상과 80종호로써 몸을 장엄하되, 모든 중생으로 하여금 나와 똑같아 조금도 다름이 없게 한다.

2. 신여유리대원(身如瑠璃大願), 수의성변원(隨意成辯願)

내가 다음 세상에 보리를 증득할 때, 유리와 같은 몸은 안팎이 투명하고 광대한 광명은 모든 세계에 가득 차며, 장엄하고 빛나는 그물(網)은 해와 달보다도 더 찬란하여 저 철위산(鐵圍山) 속의 깜깜한 데까지도 서로 볼 수 있어서 이 세계의 어두운 밤에도 나가 노닐 수 있고, 또한 모든 중생이 나의 광명을 보고는 모두 마음이 열려 온갖 일을 마음대로 할 수 있게 한다.

3. 수용무진대원(受用無盡大願), 시무진물원(施無盡物願)

내가 다음 세상에 보리를 증득할 때, 한량없고 끝없는 지혜와 방편으로써, 모든 중생으로 하여금 소용되는 물건을 모자람 없이 얻을 수 있게 한다.

4. 대승안립대원(大乘安立大願), 안립대승원(安立大乘願)

내가 다음 세상에 보리를 증득할 때, 그릇된 길을 행하는 모든 중생에게는 바른 보리의 길을 가도록 하고, 만약 성문이나 독각의 교법을 행하는 이에게는 대승법 가운데 안주케 한다.

5. 삼취구정대원(三聚具定大願), 구계청정원(具戒淸淨願)

내가 다음 세상에 보리를 증득할 때, 모든 중생이 나의 가르침 가운데서 청정하게 수행하여 아예 파계(破戒)하지 않게 하고, 삼업(三業)을 잘 다스려서 악도에 떨어질 어긋난 자가 없게 하며, 설사 파계를 하였을지라도, 나의 이름을 듣고서 한결같은 정성으로 받아지니고 진실한 마음으로 잘못을 참회한다면, 바로 청정하게 되어 마침내 보리를 증득하게 한다.

6. 제근구족대원(諸根具足大願)

내가 다음 세상에 보리를 증득할 때, 만약 많은 중생이 갖가지 불구가 되어 추악하고, 어리석고 눈 멀고 말 못하거나, 또는 앉은뱅이·곱사등이·문둥이·미치광이 같은 갖은 병고에 시달리다가도, 나의 이름을 듣고 진실한 마음으로 부르고 생각한다면, 누구나 단

정한 몸을 얻고 모든 병이 소멸되게 한다.

7. 중환실제대원(衆患悉除大願), 제병안락원(除病安樂願)

내가 다음 세상에 보리를 증득할 때, 만약 모든 중생이 가난하고 곤궁하여 의지할 데가 없고 온갖 병고에 시달려도 의약과 의사가 없다가도, 잠시라도 나의 이름을 듣는다면 온갖 질병이 소멸하고 권속이 번성하며 모든 재물이 흡족하여 몸과 마음이 안락하고 마침내 보리를 성취하게 된다.

8. 전녀성남대원(轉女成男大願), 전여득불원(轉女得佛願)

다음 세상에 내가 보리를 증득할 때, 만약 여인(女人)이 됨으로써 여러 가지 괴로움에 부대껴 몹시 싫증을 느끼고 여인 몸 버리기를 원한 이가, 나의 이름을 듣고 진실한 마음으로 부르고 생각한다면, 바로 지금의 몸을 바꾸어 장부의 상호를 갖춘 남자가 되고, 마침내 보리를 성취하게 된다.

9. 안립정견대원(安立正見大願)

내가 다음 세상에 보리를 증득할 때, 모든 중생으로 하여금 마군이의 그물을 벗어나게 하고, 또한 갖가지 그릇된 견해의 무리들을 모두 포섭하여 바른 소견을 내게 하고, 점차로 모든 보살행을 닦아 익히도록 하여, 마침내 보리를 성취하게 된다.

10. 계박해탈대원(繫縛解脫大願), 제난해탈원(除難解脫願)

내가 다음 세상에 보리를 증득할 때, 만약 중생들이 국법에 저촉되어 감옥에 구금되고 목에 씌우는 칼과 사슬에 얽매어 매질이나 사형을 당하게 되고, 또는 온갖 괴로운 일로 고뇌에 시달려 잠시도 편안할 겨를이 없다가도, 나의 이름을 듣는다면 나의 복덕과 위신력을 입어 일체근심과 괴로움을 모두 해탈하고, 마침내 보리를 성취하게 된다.

11. 기근안락대원(饑饉安樂大願), 포식안락원(飽食安樂願)

내가 다음 세상에 보리를 증득할 때, 만약 모든 중생이 굶주림에 시달려 먹을 것을 구하기 위하여 갖은 악업을 짓다가도, 나의 이름을 듣고 진실한 마음으로 부르고 생각한다면, 내가 마땅히 먼저 좋은 음식을 주어 마음껏 배부르게 하고, 다음에는 바로 법(法·진리)을 주어 안락하게 하며, 마침내 보리를 성취하게 한다.

12. 의복엄구대원(衣服嚴具大願), 미의만족원(美衣滿足願)

내가 다음 세상에 보리를 증득할 때, 만약 많은 중생들이 몸에 걸칠 의복이 없어 모기 등의 곤충과 추위와 더위에 몹시 시달리게 되었다가도, 나의 이름을 듣고 진실한 마음으로 부르고 생각한다면, 바로 그들이 바라는 대로 온갖 좋은 의복을 얻고 보배로운 장식품과 풍악과 향화가 모두 풍족하게 되어 일체 괴로움을 여의고, 마침내 보리를 성취하게 된다.

3. 약사신앙의 공덕

약사여래부처님을 신앙하거나 사경을 하면 어떤 공덕을 얻을 수 있는가?

세 가지의 약사경전에서 설한 내용을 간추려 보면 다음과 같다.

재물에 인색하거나, 계율을 깨트리고 방해하거나, 탐내고 질투하거나 악업을 일삼거나 하여 삼악도에 떨어졌더라도 약사여래불의 명호를 부르거나 들으면 그 자리에서 모두 다 해탈한다.

서방 극락세계에 태어나서 무량수여래를 뵙고자 함에 이 부처님의 명호를 들었다면 명을 마친 후에 그곳에 태어난다.

만약 병이 들거나, 악귀의 해를 입거나 물이나 불의 재난, 사납고 악한 짐승의 피해를 입거나 하더라도 일심(一心)으로 약사여래의 명호를 외우고 생각하면 그로부터 다 해탈한다.

수명을 연장하고 모든 횡액을 다 면한다.

이러한 공덕은 약사여래의 본원인 12대원 중에 다 들어 있는 것이니 약사여래를 신앙하면 모든 중생으로서 당하는 질병과 재액이 다 소멸된다는 것이다. 그러므로 약사여래는 예로부터 우리의 마음속에 질병과 재액, 그리고 단명 등을 무상의 약으로써 고쳐주시는 대의왕으로서 신앙되어 왔으며, 지금도 그것은 그치지 않고 있는 것이다.

4. 사경의 공덕

　사경은 글자 그대로 경문(經文)을 손으로 직접 필사(筆寫)하는 것을 말한다. 경전이 문자로 기록되기 전에는 구전(口傳)으로 암송되었다. 즉 고대에는 입으로 경과 율을 전했으나, 나중에는 문자로 기록하여 전했다.
　따라서 자연적으로 경전을 그대로 옮기는 필사, 즉 사경이 중요한 몫을 차지하게 되었다. 사경의 역사는 부처님의 가르침을 문자로 기록하면서부터 시작되었다고 볼 수 있다. 그만큼 사경의 역사는 오래되었으며, 불교가 각 지역으로 전파되면서 경전의 수지 독송과 연구, 포교를 위해 수많은 경전에 대한 사경이 이루어졌다.
　근래에는 경전의 보급을 위해서가 아니라 하나의 수행 방법으로 사경이 널리 권장되고 있다. 다시 말해서 오늘날의 사경은 경전을 문자로 기록하여 보존하겠다는 의미보다 자신의 원력과 신심을 사경이라는 방법을 통해 더욱 증진시키고자 하는데 더 큰 의미를 부여하고 있다.
　사경을 하면 무엇보다도 먼저 경을 깊이 이해하게 된다. 경을 외우고 이해하는 공덕이 크다는 것은 여러 경전에서 설하고 있으므로 사경을 통해서 더욱 확고하게 할 수 있다.
　또한 그 쓰는 이가 청정한 마음으로 불경을 옮겨 써서 수지 독송하고 남을 위해 해설하면 자신의 업장을 소멸하며 윤회의 고통에서 벗어날 수 있고, 사경한 불경을 불상과 탑에 봉안하면 부처님의 보호와 위신력으로 일체의 재앙을 소멸하고 현세의 복락을 성취한다.
　경전 자체가 부처님이 말씀하신 진리이기 때문에 한자 한 획을 옮겨 쓰는 순간 이미 우리의 온갖 삼재팔난은 사라지고 환희의 문인 부처님의 세계에 든다.
　깨끗하고 맑은 마음으로 부처님의 원음을 옮겨 쓰는 이는 이미 윤회의 고통을 벗어나 있다.
　정성을 다해 사경하는 이에게는 불보살님 가피와 위신력이 있어 일체 모든 장애는 사라지고 기쁨이 늘 충만한 삶이 전개될 것이다.

지극정성으로 기도를 하면서 실시한 사경을 액자로 모시면 아주 훌륭하다. 실제로 사경을 해보면 다음과 같은 공덕을 얻을 수 있다.

첫째, 심한 번민과 갈등이 가라앉고 편안한 마음을 회복한다.

어지럽고 복잡한 마음이 사라지고 평온한 마음을 가지게 된다. 사경은 정신이 통일되지 않으면 불가능하다. 무아(無我)의 경지에 도달해야만 비로소 훌륭한 사경이 이루어진다. 사경은 한 글자 한 글자에 한 부처님을 조성하는 마음으로 한 점 한 획에 온갖 정성을 다 기울인다. 이러한 과정을 통해 산란했던 마음은 사라지고 마음의 평정을 얻게 된다.

둘째는 심신(心身)이 정화된다.

사경하는 방법에는 글자 한 자를 쓰고 한 번 절하는 일자일배(一字一拜)의 사경법이 있으며, 글자 한 자를 쓰고 세 번 절하는 일자삼배(一字三拜)의 사경법이 있고, 한 줄을 쓴 다음 삼배를 올리는 일행삼배(一行三拜)의 사경법이 있다. 그만큼 정성을 기울려 사경한다는 뜻이다. 이러한 사경을 통해 자신도 모르는 사이 몸과 마음이 정화된다.

셋째, 오랫동안 앓아오던 질병이 사라지고 몸과 마음이 건강해진다.

넷째, 속세업장이 소멸되고 마음은 기쁨과 환희 심으로 충만 된다.

다섯째, 소원이 이루어지고 한량없는 부처님의 가피력을 입는다.

여섯째, 인내력과 정진력이 뛰어나 어려운 일없이 모든 일이 성취된다.

사경의 공덕이 탑을 조성하는 것보다 수승하다.(《도행반야경》「탑품」)

경전을 사경, 수지, 해설하면 대원을 성취한다.(《법화경》「법사공덕품」)

무수한 세월동안 물질로 보시한 공덕보다 경전을 사경, 수지, 독송하여 다른 이를 위해 해설한 공덕이 수승하다.

天鼓사경시리즈 - 8

행복이 성취되는 약사여래불 명호108사경

불기 2554(2010)년 7월 19일 발행
2쇄 발행일 2019년 7월 22일

엮은이: 석고(石鼓) 김현남
펴낸곳: 하늘북
펴낸이: 김현회
등 록: 1999년 11월 11일(등록번호 제3000-2003-138)
주 소: 서울시 서대문구 홍제내2다길 40
전 화: 02-722-2322 팩스: 02-730-2646
e-mail: hanulbook@yahoo.co.kr

ISBN 978-89-90883-55-1   04220 (세트)
ISBN 978-89-90883-59-9   04220

※ 값은 뒷면에 있습니다.
※ 잘못된 책은 교환해 드립니다.